U0691159

《爱国奋斗精神学习读本》系列丛书

# 爱国奋斗新时代

## ——改革先锋科技人物篇

## （一）

《爱国奋斗新时代》编写组　编

中国科学技术出版社

·北　京·

**图书在版编目（CIP）数据**

爱国奋斗新时代 . 改革先锋科技人物篇 . 一 / 《爱
国奋斗新时代》编写组编 . —北京：中国科学技术出版
社，2020.5（2024.7 重印）

（《爱国奋斗精神学习读本》系列丛书）

ISBN 978-7-5046-8439-4

I.①爱… Ⅱ.①爱… Ⅲ.①科学工作者—生平事迹—
中国—现代　Ⅳ.① K820.7

中国版本图书馆 CIP 数据核字（2019）第 236097 号

| | |
|---|---|
| 策划编辑 | 符晓静 |
| 责任编辑 | 符晓静　白　珺 |
| 正文设计 | 中文天地 |
| 封面设计 | 孙雪骊 |
| 责任校对 | 吕传新 |
| 责任印制 | 李晓霖 |

| | |
|---|---|
| 出　　版 | 中国科学技术出版社 |
| 发　　行 | 中国科学技术出版社有限公司 |
| 地　　址 | 北京市海淀区中关村南大街 16 号 |
| 邮　　编 | 100081 |
| 发行电话 | 010-62173865 |
| 传　　真 | 010-62173081 |
| 网　　址 | http://www.cspbooks.com.cn |

| | |
|---|---|
| 开　　本 | 720mm×1000mm　1/16 |
| 字　　数 | 136 千字 |
| 印　　张 | 12.25 |
| 版　　次 | 2020 年 5 月第 1 版 |
| 印　　次 | 2024 年 7 月第 2 次印刷 |
| 印　　刷 | 唐山富达印务有限公司 |
| 书　　号 | ISBN 978-7-5046-8439-4 / K·264 |
| 定　　价 | 69.80元 |

# 编写说明

　　为认真贯彻习近平总书记关于弘扬爱国奋斗精神系列重要指示精神，根据中共中央组织部、中共中央宣传部关于在广大知识分子中深入开展"弘扬爱国奋斗精神、建功立业新时代"活动的有关工作部署，中国科学技术协会组织编写《爱国奋斗精神学习读本》系列丛书，在先期出版《爱国奋斗精神学习读本》理论篇和榜样篇的基础上，推出"爱国奋斗新时代"系列，作为加强知识分子和青年学生思想政治教育、职业道德建设和科研道德培养的重要读物。

　　本次出版《爱国奋斗新时代》系列图书 3 册，收录 18 位被授予"改革先锋"称号的科技界榜样人物，讲述他们的爱国奋斗故事。

本书编写组

2020 年 5 月

# 《爱国奋斗精神学习读本》系列丛书
# 编 写 组

# 《爱国奋斗精神学习读本》系列丛书
# 编写组办公室

# 目录
### Contents

# 于　敏

## 愿将一生献宏谋

文／陈海波

# 人物小传

　　于敏，男，汉族，中共党员，1926 年 8 月出生，2019 年 1 月去世，天津宁河人，中国工程物理研究院原副院长、研究员，中国科学院院士。

　　于敏是我国核物理研究和国防高技术发展的杰出领军人物之一。在氢弹研制中，解决了热核武器物理中的一系列基础问题，开创性地提出了从原理到构型基本完整的设想，填补了我国原子核理论的空白，为氢弹突破做出了重大贡献。他长期领导并参加核武器的理论研究和设计，解决了大量关键性的理论问题，在我国核武器发展方面取得了显著成就。从 20 世纪 70 年代起，在倡导、推动若干高科技项目尤其是我国惯性约束核聚变研究中，发挥了重要作用。

　　1985 年获"全国五一劳动奖章"；1987 年获"全国劳动模范"称号；1999 年获"两弹一星"功勋奖章；2014 年获国家最高科学技术奖；2015 年获"全国敬业奉献模范"称号；2018 年被授予"改革先锋"称号；2019 年 9 月，被追授"共和国勋章"。

2015 年 1 月 9 日，北京，人民大会堂。

习近平主席站在了颁奖台上。他侧身对着观众席，望着台侧，微笑着，等待着。

台下静默无声，人们也在等待着。

一位白发老人坐在轮椅上从侧幕旁出现。这位 88 岁的老人，过去数十年一直隐身于幕后，沉静而执着地默默工作，为人民中国保驾护航。这一刻，老人终于来到台前聚光灯下。这一刻，台下掌声雷动。

这位老人，就是 2014 年度国家最高科学技术奖的唯一获得者于敏——我国著名核物理学家、我国核武器研究和国防高技术发展的杰出领军人物之一。

习近平将颁奖台中央留给了老人。轮椅徐行。此刻，会场内一下子安静下来，聚焦在老人身上的，是无数与会科技工作者充满崇敬的注目礼。

两秒，三秒，却让人仿佛觉得时间凝固了两刻钟、三刻钟。突然，雷鸣般的掌声再度响起。

距离老人还有一米多，习近平弯下腰，向老人伸出双手。两双手紧紧握在了一起。

掌声，如春潮，在会场上空涌动。

握着于敏的手，这时候握在了轮椅上。习近平手推轮椅，将于敏转向全场观众，让所有人好好看看这位隐姓埋名、终身为国献宏谋的老人。

掌声，唯有掌声，代表最高的荣耀，表达着在场观众的心情。这掌声一直持续到于敏再次回到幕后。

与往年科学技术奖励大会上最高科学技术奖获得者致辞不同，于敏没有做获奖答词。

早在知晓自己获奖的那一刻，老人就对身边的人说，他不做获奖答词。因为他始终认为，我国氢弹等核武器事业的成就，不是一个人能完成的。

"这些成就是大家的，我只能是代表大家来拿奖。"于敏坚持着。甚至，最初他都不同意自己报名评奖，说要把机会留给更年轻的人。

我们不知道，那一刻，在共和国的舞台上，于敏会想起什么。或许，他会想起80年前那个坚毅的少年。

少年于敏有一个执着的信念：在那个内乱外侮的国土上，尽管自己不能像古代英雄人物那样驰骋沙场，但他相信，总会有诸葛亮、岳飞式的盖世英雄出现，能够荡寇平虏，重振河山。

于敏怎么也想不到，半个世纪后，自己会成为这样的"盖世英雄"。


# 男儿何不带吴钩


1926年，于敏出生于天津，青少年时代历经军阀混战和抗日战争，在战乱中度过。在那个屈辱的年代里，于敏看到的是岳飞《满江红・登黄鹤楼有感》里"兵安在？膏锋锷。民安在？填沟壑"的国殇。

于敏性喜安静，炮火轰隆的日子里，他喜欢读唐诗宋词和历史演义。他崇拜诸葛亮运筹帷幄、决胜千里之外的智慧，向往其鞠躬尽瘁、死而后已的精神，倾慕岳飞和杨家将的精忠报国以及文天祥的威武不屈和凛然正气。他把为国纾困的希望寄托在这样的人物身上。

1941 年，于敏进入天津木斋中学读高中，因成绩优异被推荐转学至耀华中学读高三。此时，他遇到了两位恩师。

一位是语文老师王守惠，在讲解古文和古诗词时，必会把每一篇作品置于一个大的时空中，将写作的背景、文学的渊源和价值以及作者的家事等讲得透彻明了。这种教学方法使于敏很受启发：思考和分析问题也应如此，将对象置于一个大的环境之中，用高屋建瓴的眼光去观察和分析。他也因此发现了自己为何会倾心于《三国演义》里的恢宏场面和宏大背景，诸葛亮的运筹帷幄、决胜千里，正是源于其开阔的视野以及善于把微观事物放在宏观的大环境中进行分解和缕析。

另一位是数学老师赵伯炎，他讲课时喜欢讲授数学题的各种解法以及不同解法的来由，要求学生不仅要知其然，而且要知其所以然。这种耳濡目染尽管只有一年，却使于敏受益终身，他由此逐渐养成了自己的一套思维方式，善于从宏观角度处理微观问题，具有开阔视野和战略眼光，且知其然更知其所以然，善于抓住问题的本质。

于敏意识到，他找到了一条适合自己的纾困之路——内向好静思，不喜交际，喜欢动脑不喜欢动手，这样的自己适合学习科学。因此，当朗诵起李贺的"男儿何不带吴钩，收取关山五十州"时，于敏想到，他的"吴钩"就是科学，他要用科学收取"关山五十州"。

1945 年高中毕业后，于敏考取了北京大学工学院电机系。但他发现那儿的老师并不喜欢刨根问底和追本溯源，难掩失落。更失落的是，强调动手能力的工科，并不适合"心灵手不巧"的他。

关于"心灵手不巧"，有一段于敏更早之前的有趣经历可以"佐证"：少年时期的于敏喜欢弹溜溜球，可玩着玩着他发现，对于溜溜球的运行规律，自己看得清楚，想得明白，但就是没法让这个小球听自己手指头使唤，弹出的溜溜球总是不沿着自己设计的路线走。为什么？为什么？为什么？这个爱思考的少年欲罢不能。最后绞尽脑汁，终于得出答案——"我发现自己的手笨。"于敏后来说。

沉静好思的性格使他更倾心于理科，他喜欢并选修了理论物理，并最终弃工从理，转至理学院物理系。在物理系，于敏的学号1234013 常年排在成绩排行榜的第一位。

1949 年，于敏以物理系第一名的成绩成为中华人民共和国成立后的第一批大学毕业生，并考取了张宗燧的研究生。1951 年研究生毕业后，于敏被我国核物理学家彭桓武和钱三强器重，调入近代物理研究所工作，从事原子核理论研究。"没见过物理像于敏这么好的。"导师张宗燧如此评价。

当时，国内没人懂原子核理论，于敏的研究对于中国来说是一项开创性的工作。他很快就掌握了国际原子核物理的发展情况和研究焦点，对原子核物理知其然并知其所以然，站在了国际前沿。

20 世纪 50 年代，基本粒子研究尚无大进展，于敏在平均场独立粒子运动方面发表了《关于重原子核的壳结构理论》《关于原子核独立粒子结构的力学基础》等颇有分量的论文。

1962 年，在原子核理论中创立了集体运动模型的丹麦诺贝尔物理学奖得主 A. 玻尔访问北京，于敏担任翻译，两人探讨过学术问题。玻尔称赞于敏是"一个出类拔萃的人"，亲自邀请他去哥本哈根，但被于敏婉言谢绝了。

与同时期从事核武器研制的大多数同人不同，于敏不曾出国留学或进修。王淦昌曾留学德国，邓稼先和朱光亚曾留学美国，郭永怀曾留学加拿大和美国，彭桓武和程开甲曾留学英国。在国内求学与成才的于敏，那时却未踏出国门一步。

有这样一段广为流传的趣闻：一位访华的日本科学家在听完于敏关于核物理方面的报告后，对他竖起大拇指："于先生一定是国外哪所名校毕业的吧？"于敏风趣回应："在我这里，除了 ABC，其他都是国产。"这位科学家惊讶不已，称赞于敏是"国产土专家一号"。

不过，于敏本人似乎对"土专家"不太感冒。"如果生在现在，重新上大学，我当然会留学。"他说，"土专家"不足为法，科学需要开放交流和广阔视野，但留学后须"回国再给国家做点事"，而且"不要到老了才回来，落叶归根只能起点肥料作用，应该在开花结果的时候回来"。

30 余年后，当自己唯一的博士研究生蓝可即将毕业时，于敏并没有要求她留在自己身边做研究。"于老师希望我出国留学，完成他的'留学梦'。"蓝可说。

"但是，他还是一如既往地强调献身祖国。"蓝可说，"于老师建议我出国两年，开过眼界后就回国做贡献。"

# 了却君王天下事

1960 年 12 月，我国做出部署，由核武器研究院集中攻关，突破原子弹，同时，原子能研究所先行一步对氢弹做理论探索。

1961 年 1 月 12 日，于敏被叫到钱三强的办公室。钱三强告诉他，经研究批准，决定让他作为副组长加入原子能研究所"轻核反应装置理论探索组"（简称"轻核理论组"，黄祖洽为组长，成员还包括何祚庥等），参加氢弹理论的预先研究工作。

钱三强给他的解释是，氢弹虽然以原子弹为基础，但其理论基础和材料结构必定比原子弹复杂得多，"现在调你参加，增强力量。"

于敏感到很突然，甚至有些不解。他内向沉默，喜欢做基础理论研究，不喜欢搞应用研究，自认为不适宜从事研制氢弹这种大系统科学工程。而且，他当时的原子核理论研究正处于可能取得重要成果的关键时期。"从基础研究转向应用研究，对于敏个人而言，是很大的损失。"于敏的一位老同事说。

不过，于敏没有犹豫，因为他忘不了"童年亡国奴的屈辱生活"带给他的惨痛记忆，忘不了少年时代的那个关于"盖世英雄"的信念。"当时国家的国防基石要是没有这个东西（氢弹），就要受人欺负，就没有真正的独立。"他决定停下手头原子核理论基础研究，全力以赴转而摸索氢弹原理。

"这次改变决定了我的一生。"于敏说，"中华民族不欺负旁人，也不能受旁人欺负，核武器是一种

于敏在工作

保障手段，这种民族情感是我的精神动力。"

　　于敏所说的"欺负"，并非仅指过去而言。20世纪50年代，美国等核大国多次威胁要使用核武器来打击中国。"抗美援朝的时候，美军统帅麦克阿瑟就曾建议用核武器袭击中国。他是真的在进行核讹诈、核威慑，不是报纸上说说玩儿的。"于敏后来回忆道。

　　自此，于敏走上了氢弹等核武器研制的道路，他愿"了却君王天下事"，但并不为"赢得生前身后名"。

　　于敏的身影在这条道路上渐行渐远，消失于公众的视野中。他的夫人孙玉芹甚至都不知道他在做什么工作，20多年后才恍然，"没想到老于是搞这么高级的秘密工作。"

20 世纪 90 年代初，
于敏与夫人孙玉芹

氢弹理论涉及理论物理、原子物理、核物理、种子物理、辐射输运、辐射流体力学、等离子体物理、凝聚态物理、爆轰物理、应用数学和计算数学等许多学科，十分复杂。尽管于敏基础理论深厚，但对氢弹理论自觉所知甚少。他边干边学，将复杂的物理问题一一分解，通过自己做课题、给年轻人讲课，把问题一一吃透。

有一次，他们看到国外报道了一个重要元素的新的截面数据。这个数据很理想，对热核反应研究很重要。不过，他们对这个数据的真实性和准确性有点怀疑。是实验有误还是故意报错？当时，一些国家在公布核试验数据时会故意给出假数据，误导其他国家。数据的真伪，一般需要通过重复实验来验证。但在当时的中国，这意味着要花费不菲的资金以及宝贵的时间（可能需要多花费两三年）。怎么办？

于敏拿起他的笔，试图戳破这个数据的面具。他分析论证和计算，不分昼夜。深夜，妻子醒来，发现于敏还在灯下计算，便催他睡觉。于敏上床后，闭上眼睛却闭不上脑中的思绪。突然，他抓住妻子的手一跃而起："我搞清楚了！钱和时间都可以省下来了！"

第二天，于敏早早来到办公室，对自己的推导和计算再次进行了缜密的思考和检查，然后给同事做报告。他从核反应理论和各种物理因素等出发，向大家演示自己的每一步推导和计算过程，最后自信地宣布那个数据是错的，完全没必要花费人力、物力和时间去进行实验验证。后来，国外又有人做了那个实验，也证实之前的数据是错的。

"初估"，这是于敏的一项特殊本领，即善于抓住物理本质来判断物理现象发展的结果。何祚庥曾言简意赅地指出，于敏的这种"初估"方法，是理论研究的灵魂。

因为有了"初估"，所以"料事如神"。一次，于敏与何祚庥一块儿在中关村听一位法国物理学家的学术报告。这位物理学家刚介绍完实验的准备、装置及过程，于敏便对何祚庥说出了一个数字。

"你怎么知道？"何祚庥反问。于敏说，"先听下去。"随后，法国专家公布了实验结果，果然如于敏所料。何祚庥大惊，追问于敏："你事先看过这个实验吗？""没有。""那是怎么算出来的？"于敏说："掌握住这一方法就能估出它的数量级来。"

当然，要探索氢弹，有更多更复杂的问题在等着他们。氢弹实现热核燃烧，需要创造高温高密度的等离子状态。但要研究高温高密度等离子状态的现象和规律，单靠理论分析远远不够，还需要计算机进行数值模拟研究。那是第一代电子管计算机，运算速度为每秒1万次，当时主要用于正处于关键阶段的原子弹研究工作。留给于敏和氢弹研究的时间，每周只有十几个小时的机时。时间宝贵，他们反复琢磨物理模型，看是否必须上机计算。每次挖到几个小时的机时，他们就像挖到了宝贝。终于要上机计算了，但他们还是不放心，一遍又一遍地检查和修改程序，核对穿孔纸带，确保计算顺利。

在接下来的4年里，于敏和"轻核理论组"的同事们就是靠着这样的计算机以及每周十几个小时的机时，解决了一系列有关热核材料燃烧的应用基础问题，并对氢弹原理和结构做了初步探索。

"这是我感到比较愉快的阶段之一。"于敏后来回忆说，探索氢弹原理的任务很艰巨，光荣而又神圣，除了全力以赴，"也常有提心吊胆、如履薄冰的感觉"；幸亏在原子能研究所的这个头开得好，4 年的工作颇富成效，无论对热核反应基本现象的了解、基本条件的掌握，还是对某些规律的认识，都为后来的工作奠定了基础，在最终突破氢弹原理中起了重要作用；他所在的这个组，"是一个奋发图强、埋头苦干、思想活跃、学术民主、协同攻关、富有牺牲精神、团结战斗的集体"，在这种氛围的集体中工作，他感到"特别愉快"。

1965 年 1 月，于敏与"轻核理论组"携带所有资料和科研成果，奉命调入第二机械工业部第九研究设计院（简称"九院"，中国工程物理研究院前身），与我国核武器研究主战场会合。于敏被任命为九院理论部副主任。为了突破氢弹原理，理论部分兵作战，多路探索。

据相关资料记载，为了活跃学术思想，理论部举办了等离子体物理、二维计算方法等问题研讨班，组织专题学术报告会。无论是已经成名的专家，还是刚出校门的大学毕业生，只有知识与经验的差别，在科学面前都是平等的。在各种学术讨论会和鸣放会上，"从彭桓武副院长这样的大科学家，到邓稼先、周光召、黄祖洽、于敏等部主任，再到年轻的研究人员，不论资格，人人可以发言。谁有了新想法，都可以登台各抒己见，畅所欲言。有不同的意见就展开争论"。

几个月过去，一个个设想被提出来，一次次讨论后，又一条条地被否定。氢弹太复杂了，进展并不顺利。

1965年9月底，于敏率领研究人员赶在国庆节前夕奔赴华东计算技术研究所，利用该所假期间空出的J501计算机（运算速度为每秒5万次，为当时国内最快速度），对氢弹原理做进一步的研究和探索。这就是后来被众人津津乐道的"百日会战"。

不过，"百日会战"出师不利。大家很快算出了一批模型，但从结果看，这批模型的聚变份额都很低，没有实现自持"点火"。这也使大家的情绪有些低落。

"这是个大科学工程，必须要凝聚大家的共识，依靠大家群策群力，共同完成。"于敏后来回忆，他把在原子能研究所探索氢弹机理时积累下来的氢弹物理知识，结合眼前加强型原子弹优化设计的实践，给大家做系列报告，在碰撞中启发大家，也启发自己。

两周的系列报告后，仿佛拨云见日，豁然开朗。于敏厘清了自己的思路，氢弹新的构型渐渐在脑海中浮现。他提出了两级氢弹的原理和构型的设想，并在计算机上进行了数值模拟计算。但是，这个新构型的技术途径有什么物理问题、现象、规律以及机制？物理上是否行得通？于敏继续给大家做报告，将新构型可能存在的影响因素梳理出来，抛给大家，群策群力。

"首先试算了两个模型，得到十分满意的结果，继续进行系统工作，发现了一批重要的物理现象和规律，通过这段工作形成了一套从原理到构型基本完善的物理方案，大家的兴奋心情难以描述。"于敏后来回忆道。

在上海的近百个日夜，于敏领导攻关小组发现了实现氢弹自持热核燃烧的关键，找到了突破核弹的技术途径，提出了从原理、材料到构型的完整的氢弹物理设计方案。当于敏将整理出来的方案再一次向大家报告时，同志们群情激奋，高呼"老于请客"！

请客的还有另外一人。当氢弹原理的方案传到北京后，邓稼先第二天即飞到上海，他在听完于敏的汇报后十分兴奋，请大家吃了一顿螃蟹。

氢弹原理一突破，大家斗志昂扬，恨不得立马就造出氢弹。但是，氢弹原理还须经过核试验的检验。接下来的一年，于敏他们忙于氢弹原理试验准备工作。

1966 年 12 月 28 日，氢弹原理试验取得圆满成功。中国成为继美国、苏联和英国之后，第四个掌握氢弹原理和制造技术的国家。

但在试验现场的于敏，看着蘑菇云翻滚而上，仍不觉得圆满，直至听到测试队报来的测试结果时，才脱口而出："与理论预估的结果完全一样！"

1967 年 6 月 17 日，我国又成功地进行了全威力氢弹的空投爆炸试验。这次的蘑菇云更大，烟云升离地面 10 千米，仿佛一颗人造"大太阳"，在爆炸点以北 250 千米处仍能看到。

从第一颗原子弹爆炸成功到第一颗氢弹试验成功，中国的速度为世界之最。美国用时 7 年零 3 个月，苏联用时 6 年零 3 个月，英国用时 4 年零 7 个月，法国用时 8 年零 6 个月，而我国仅用时 2 年零 8 个月。

西方科学家评论："中国闪电般的进步，对西方来说，是神话般的不可思议……"

爆炸成功后，氢弹须根据实战需要进行武器化并装备部队。于敏接着对氢弹的小型化、提高比威力和核武器生存能力、降低过早"点火"概率等做了优化设计，并定型为我国第一代核武器装备部队。

尽管在氢弹研制中居功至伟，但对于别人送来的"氢弹之父"称呼，于敏并不接受。"核武器的研制是集科学、技术、工程于一体的大科学系统，需要多学科、多方面的力量才能取得现在的成绩，我只是起到了一定的作用，氢弹又不能有好几个'父亲'。"他说。

# 更看谋略称筹帷

于敏完成了时代赋予的使命，他想起了当初听到钱三强告诉自己那个决定时，脑海中闪过的一个念头：突破氢弹技术后，回去做基础研究。"文化大革命"后，钱三强也数次问于敏是否想回科学院，但于敏最终没有"回去"。

20世纪80年代，在原子弹、氢弹等技术相继突破后，彭桓武、邓稼先、周光召、黄祖洽、秦元勋等曾经共同奋战在核武器研制一线的骨干相继离开九院。昔日群星闪耀，如今只剩下于敏、周毓麟、何桂莲三人。

于敏也想过离开，但"估计自己走不了"。他知道，第一代热核武器虽然解决了有和无的问题，但性能还需提高，必须发展第二代核武器。于是，他留了下来，突破第二代核武器技术和中子弹技术。

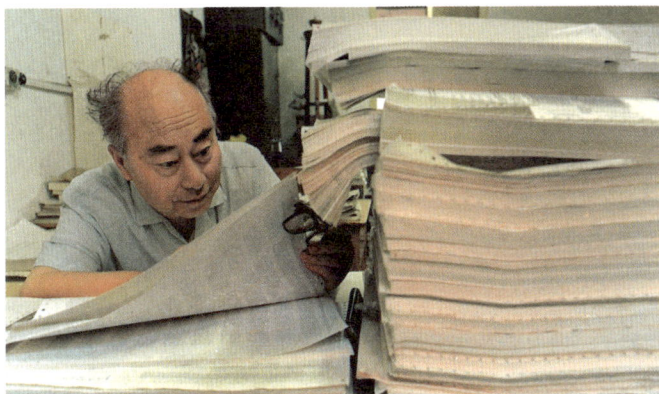

于敏在九院科研室查阅计算数据

在那些日子里，于敏常常会想起诸葛亮，矢志不渝，六出祁山。

1984 年冬，于敏在西北高原试验场进行核武器试验。他已记不清自己是第几次站在这严寒的高原上了，他曾在这片试验场休克昏倒，他还记得多年前自己曾在这黄沙大漠中大声吟诵"不破楼兰终不还"。

此刻，高原上响起了另外的高亢朗诵之声。

"先帝深虑汉、贼不两立，王业不偏安，故托臣以讨贼也……"在试验前的讨论会上，于敏和陈能宽

1984 年在核试验场地合影（从左至右依次为：高潮、陈能宽、李英杰、邓稼先、于敏、胡仁宇）

感慨忧虑，不由地朗诵起了诸葛亮的《后出师表》。

"臣受命之日，寝不安席，食不甘味……"会场最后只剩下于敏一个人的声音，他一口气将《后出师表》背诵到底——

"夫难平者，事也！昔先帝败军于楚，当此时，曹操拊手，谓天下以定。然后先帝东连吴越，西取巴蜀，举兵北征，夏侯授首，此操之失计，而汉事将成也。然后吴更违盟，关羽毁败，秭归蹉跌，曹丕称帝。凡事如是，难可逆见。臣鞠躬尽瘁，死而后已；至于成败利钝，非臣之明所能逆睹也。"

不过，不同于诸葛亮的"出师未捷身先死"以及"知其不可为而为之"，于敏的事业是"可为"的，而且凡事大多"逆见"。这次试验很成功，为我国掌握中子弹技术奠定了基础。

随着中子弹试验的圆满成功，我国核武器事业跻身世界先进水平指日可待。在一片高昂与乐观的气氛里，于敏却感到一种隐忧。

1986 年，于敏对世界核武器发展趋势作了深刻分析，认为美国核战斗部的设计水平已接近极限，再多做核试验，其性能也不会有很大提高。为了保持自己的核优势，限制别人发展，他们很可能会加快核裁军谈判进程，全面禁止核试验。倘若那时我国该做的热核试验还没做，该掌握的数据还未得到，核武器事业可能功亏一篑。

于敏心急如焚，马上找邓稼先商量。当时，重病在身的邓稼先正在医院接受治疗，于敏直奔医院，向邓稼先表达了自己的忧虑，邓稼先也有同感。于敏建议上书中央。于是，由于敏起草，邓稼先修改，胡思得执笔，向中央递交报告，希望加快热核试验进程。

同样还是 1986 年，身为中国工程物理研究院科技委员会副主任的于敏，两次给院长胡仁宇写信，建议进一步改进第二代核武器的构型并小型化，加强对该工作的投入和研究力度。他的建议受到重视，我国核武器发展因此又获得一次重大突破。

后面发生的事果然如于敏所料。1992 年，美国向联合国大会提出要进行全面禁止核试验的谈判。对于全面禁止核试验后如何保持我国核武器可持续发展的能力，于敏早已未雨绸缪。1993 年，于敏提出，如果全面禁止核试验，一定要把经验的东西上升到科学的高度，用经过实践检验的具有高科学置

1992 年某研讨会
（左起：王淦昌、彭桓武、
朱光亚、于敏）

信度的精密物理、精密计算机模拟，来保证核武器的安全、可靠和有效。这个建议被采纳并演化为我国核武器事业发展的指导思想。

1996年，《全面禁止核试验条约》签署。那次上书为我国争取了10年的热核试验时间。"这次上书建议可以与原子弹和氢弹技术突破相提并论。不然，我国的核武器水平会相当低。"胡思得直言。

正如宋朝诗人吕声之诗中所言："更看谋略称筹幄，会见精神坐折冲。"于敏的谋略，"折"掉了美国的阴谋。因此，于敏又被视为我国核武器事业发展的战略家，从某种程度上看，他甚至做到了像诸葛亮那样，运筹帷幄，料事如神。

作为"两弹一星"功勋奖章获得者，于敏在中央表彰为研制"两弹一星"做出突出贡献的科技专家大会上曾经做了发言。他在发言中指出，改革开放后20年，我国核武器技术又有4次新的重大突破。我国核试验次数只占核大国试验总次数的2%，而核武器持续发展能力之强，为之瞩目。为什么我们用很少的试验次数，就能达到这样高的技术水平？

于敏认为，原因有三：一是我们立足于优先目标、先进技术，着眼于先进设计思想和先进科学技术，集中力量研制有限重点型号；二是十分慎重地选择实现目标的技术途径，力求不走弯路或少走弯路，为此始终如一创造宽松环境，活跃思想，发扬学术民主，集思广益，从而保证了选定的技术途径一直是基本正确的；三是选定技术途径后，把复杂的物理和技术问题进行分解，狠抓关键，做细工作，绝不

放过任何可能隐患。

"一次试验，多次收效，这样每经过几次试验，我们就能够做到技术上有所突破，就能跨上一个新的台阶。"他说。

这就是于敏，既有科学家的严谨，又有战略家的格局。

## 留取丹心照汗青

就像他沉默的事业一样，于敏是一个喜欢安静的人，他毕生信奉诸葛亮的"淡泊以明志，宁静以致远"。他曾对身边人说，不要计较有名无名，踏踏实实地做一个"无名英雄"。

这种"宁静"使于敏在子女的记忆中是失声的。

儿子于辛小时候对父亲于敏的唯一记忆就是一个字：忙。"整天待在房间里想东西，很多人来找他。"女儿于元也很难觅寻对儿时父亲的记忆，因为父女俩不曾亲昵地相处过。

但于元总算还是找到了一个"声音"，听着很好笑：有一天，小于元淘气地跑进爸爸房间，听到他正对别人说 ρ（希腊文字母，表示密度，音近"肉"），于是高兴地跑出来对妈妈说："今天有肉吃了！"

于敏对"宁静"有着自己的解释。"非宁静无以致远。所谓宁静，对于一个科学家，就是不为物欲所惑，不为权势所屈，不为利害所移，始终保持严格的科学精神。"他倾慕文天祥的威武不屈以及"丹心照汗青"，这丹心于他就是坚持科学，就是献身宏谋。

所以，当"文化大革命"期间军管领导胁迫于敏将某次试验中的技术问题定调为科研路线问题时，他并未屈服，反而在会议上挺身而出，鲜明地指出并论证那次试验的理论方案并无问题，只是有一些新的技术问题需要解决，从来不存在所谓路线问题。

于是，于敏成了被批判的对象，但他无悔："如果我说假话，我可以轻松过关，但我经受不了历史和真理的考验。我宁愿现在挨整，绝不说对不起历史的话，不说违背真理的话。"

当时，处于极"左"思潮统治下，军管组动辄干预并批判他们的技术工作，技术讨论会上甚至不允许使用外文字母作符号。很多技术人员自叹如倾巢之卵，噤若寒蝉，即使慎重、委婉地表达看法，也常遭批判。但每次讨论会上，于敏仍坚持讲真话，明确地讲出自己对技术问题的看法，绝不随声附和。他对同事说："我们要尊重科学，尊重事实，不能按照他们的意见说违心话！"

与于敏深交并共事30余年的邓稼先曾说："于敏是很有骨气的人。他坚持真理，从不说假话。"因此，有争论的时候，邓稼先常会说，"我相信老于的"。

同样与于敏共事过的中国工程院原副院长、中国工程物理研究院研究员杜祥琬，对于敏的"唯实不唯上"深为钦佩："在'文化大革命'中受到无端

于敏（左）与杜祥琬（右）在"863"计划激光专家组会议上讨论问题

批判时，他唯实不唯上，坚持实事求是的科学态度，只要能参加的业务讨论，他都尽可能地帮青年人出主意、想办法。"

在科学与真理面前，于敏从不会沉默。一次重要核试验前，于敏像往常一样在脑海里把每一个环节过一遍。一条条数据在脑海闪现后又退去，直至一个再平常不过的物理因素。"把那个数字拿来。"于敏说。当他被告知这个物理因素的部分结果还没算出来时，于敏慌了。有人提醒，这个物理因素在此前的历次设计中都无关紧要。但这并不能让于敏放松半分，反而更警惕。

当时，核试验装置已经下井4米，骤然停止现场作业，万一期间遇到雷雨闪电，后果不堪设想。但如果因为那个"无关紧要"的因素而影响试验，后果更是不可想象。于敏果断喊停，并争分夺秒地组织人员进行计算，直到确定计算结果是可靠的，那个物理因素不影响试验，现场作业才"解冻"。

试验取得圆满成功，但在总结会上，于敏仍然"揪住不放"。他对大家说："那个因素在过去和这次试验中虽然没有造成影响，但不等于它永远不起作用。在以后的理论设计中必须小心谨慎，不能让它滑过去。一旦它真的起作用，而又把它忽略了，巨额资金和成千上万人的劳动，就全部浪费了。"

"自谓经过旧不迷，安知峰壑今来变。"于敏想起了唐朝诗人王维的这句诗，以此警醒。

于敏不屈服于威权，能让他屈服的是科学和事实。还有一个能让他"屈服"的，是唐诗宋词的艺术。

胡思得说，每次和于敏出差，都能在他的床头发现一本唐诗或宋词。于敏晚上睡不着觉时，就躺在床上捧着看。

蓝可说，李白、杜甫的诗，他们刚读完第一句，后面的诗句于敏都能直接背下来，还给他们分析这首诗的特点。

陪孙子时，于敏会教他背诵古诗词。他教孙子学会的第一首诗词是岳飞的《满江红·写怀》："怒发冲冠，凭栏处、潇潇雨歇。抬望眼，仰天长啸，壮怀激烈……"

为何对古典诗词艺术如此倾心？于敏说："艺术可以陶冶情操，使志存高远。而非志无以广学，非学无以广才呀。"

杜甫、李白、苏轼、辛弃疾、岳飞、诸葛亮、文天祥……这是于敏常常提起的名字。这不单纯是出于一种对艺术的欣赏，或许还代表了一种人生态度。这些名字及其作品，伤时忧国，悲天悯人，有着能穿越时空的大气魄和大胸怀。

有记者在与于敏接触后如此描述这位大科学家："他到杭州疗养，别处风景不过稍做流连，唯独去岳庙礼瞻了三回，细细读了两廊的碑文。我问他：'余杭风物，为何钟情于斯？'他呵呵笑了，答道：'那是我们的民族英雄啊！'他到成都，别的不买，买回了一本岳飞书写的诸葛武侯《出师表》的拓片。"

就像他的"宁静"可以致远一样，诗词艺术带给于敏的是在核武器事业上不断寻求突破的远志广学，是一生致力于为国谋策的鞠躬尽瘁。

虽然于敏爱诗，但甚少写诗。在 73 岁那年，他以一首《抒怀》为题的七言律诗总结了自己沉默而又轰烈的一生：

> 忆昔峥嵘岁月稠，
> 朋辈同心方案求。
> 亲历新旧两时代，
> 愿将一生献宏谋。
> 身为一叶无轻重，
> 众志成城镇贼酋。
> 喜看中华振兴日，
> 百家争鸣竞风流。

于敏，绝大多数时候在这个世上"沉默无闻"，是"无轻重"的一叶，但他从未抛弃"献宏谋"的一片丹心。

# 王 选

## 汉字激光照排之王　方正人生创新之选

文/丛中笑　陈　磊

# 人物小传

王选，男，汉族，九三学社社员，1937年2月出生，2006年2月去世，江苏无锡人，计算机科学家，汉字信息处理与激光照排技术创始人，北京大学计算机科学技术研究所原所长，中国科学院院士、中国工程院院士。

1958年，毕业于北京大学数学力学系并留校任教。20世纪60—70年代，不顾疾病缠身，坚持科研攻关，成为我国早期计算机专业的佼佼者。1975—1993年，投入到汉字激光照排系统的研制中，大胆创新，跳过当时流行的二代机、三代机，直接跨越到第四代激光照排系统，并带领团队先后研制出八代激光照排系统，彻底淘汰铅字排版，告别了"铅与火"。之后，王选团队又使中国新闻出版业实现了"四次告别"：研制成功远程传版技术，实现异地印刷报纸，告别了报纸传真机；研制成功彩色激光照排系统，告别了电子分色机；研制成功新闻采编流程计算机管理系统，告别了纸与笔；研制成功直接制版系统，告别了胶片。王选让汉字激光照排技术占领国内报业99%、书刊出版业90%以上的市场，以及80%的海外华文报业市场，并出口到日本和欧美市场。

2002年2月，获2001年度国家最高科学技术奖；2018年12月，被追授"改革先锋"称号；2019年9月，被追授"最美奋斗者"称号。

　　1937 年 2 月 5 日，上海一个弄堂的房子里，一名男婴呱呱坠地。这位并不在父母计划之内的孩子阴差阳错地降临人世，成为家里排行最小的老五。父母取名为"选"，寄望小儿子在成长过程中能够选择正确的人生道路。

　　冥冥之中似有安排。孩子长大后，在每一个人生路口都做出了异于常人的选择：大学选择开垦处女地——计算数学，弃"热"择"冷"，从硬件跨到软件，引领新兴学科蓬勃发展；毕业后敢"啃硬骨头"，不亦步亦趋，跨越两代技术，直接自主研发第四代汉字激光照排技术，掀起印刷革命，蜚声海内外；功成名就时选择急流勇退，提携后学，甘当人梯。

　　该出手时，他以超乎常人的果决和胆魄，力排众议，在质疑声中选择创新"超车"；在鲜花掌声纷至沓来之时，他淡薄挥手，把舞台让给后继者。

　　进退之时，去留之际，他走出不寻常的人生轨迹，为中国的科技创新事业描绘绚烂的一笔——让汉字的排版印刷告别了"铅与火"，跨入了"光与电"。

　　他就是汉字信息处理与激光照排技术创始人、国家最高科学技术奖获得者——王选。

# 从小热爱文史的他迷上了数学

　　王选自幼家庭教育良好。父亲在上海贸易公司就职，严谨奉公，母亲出身书香门第，慈爱宽厚。王选出生后不久，抗日战争爆发，其父给他从小灌输爱国主义思想。和谐开明的家庭熏陶，让全家出了北京大学、上海交通大学、复旦大学等好几个名牌大学毕业生。

　　1942 年，5 岁的王选进入上海市著名的私立学校——南洋模范学校，开始求学生涯。在启发式教育的引导下，王选喜欢上了语文和历史。他广泛阅读，涉猎《西游记》《水浒传》和《三国演义》等古典名著，语文成绩优异。难以想象的是，这位大半辈子都与计算数学打交道的大家，小学的数学成绩却并不突出，甚至有一次数学补考只考了 50 多分。当时，王选的母亲很焦急，老师倒不在意，说孩子定能很快赶上。果真，他很快就追上来，以后成绩一直名列前茅，以全班第二名的成绩保送至该校的初中部。

　　王选初中住校期间，除了广泛参加文体和社会活动，还迷恋武侠小说，几年下来，看了 100 多本。是初中数学老师刘叔安的启蒙和引导，让他真正爱上了数学。刘老师说，有些学生一提起数学就感到头疼，那是因为还没有看到数学之美，等你发现了它的美妙，不但会爱上它，还会从中感受到全新的生命体验。

刘叔安用一套独特的教学方法，让王选体验到了数学的迷人魅力。比如讲到分子与分母颠倒，老师把大拇指和食指相对起来上下转动，并拉着长声说"翻个转身"。他还教给学生们许多巧妙而有趣的速算方法。这种奇异的教课方式激发了王选的好奇心，让他感到数学并非枯燥无味，甚至开始对数学着迷。到初三时，王选已经感觉"吃不饱"了，开始超前自学新的数学内容。进入南洋模范学校高中部后，王选更是如痴如醉地在数学王国里徜徉。

高中毕业时，王选毅然填写了 3 个与数学有关的志愿：北京大学数学力学系、南京大学数学系、东北人民大学（现吉林大学）数学系。他不负众望，以优异的成绩被北京大学数学力学系录取。

1954 年，北京大学数学力学系共录取了 200 多人，都是全国各地高考的数学尖子，王选被分在尖子班 6 班。这一届群星闪耀，走出了好几名院士，是名副其实的数学"梦之队"，而王选就是其中最为夺目的明星。

# 眼光独到，选择"冷门"——计算数学

17 岁的王选第一次离家北上，看到北京大学名师汇聚、群贤毕至，深深震撼。当时的北京大学校长马寅初主张把教学重点放在基础课上，抽调校内著名的学者教授加强基础教学。王选此时打下了牢固的基础，为以后的研究埋下了扎实的数学功底。

大学开始一年半没有具体分专业，到大二下学期末，开始划分出数学、力学和计算数学 3 个专业方向。大多数成绩优秀的同学都选择数学专业。而王选则与众不同，在对 3 个专业方向的现状与前景做了认真研究后，他做出了人生第一次重大抉择，瞄准了一块未开垦的处女地——计算数学。这是北京大学刚刚成立的新兴学科，很多人连计算机是何物都没见过，鲜有人问津。

可王选认为，新兴学科代表着未来，留给人们创新的空间更广阔。他查找大量资料，了解了计算机的发展前景。两篇文章坚定了他的想法：一篇是钱学森关于电子计算机与航天工业的论述，另一篇是胡世华写的关于计算机在国防中重要作用的文章。胡世华断言：在未来战争中，导弹的发射、拦截，飞机投掷炸弹及空战，统统离不开计算机……计算机不仅能应用到高科技领域，还有可能改变人们未来的生活。恰好在这时，王选看到了国家 1956 年制定的《1956—1967 年科学技术发展远景规划纲要（修正草案）》（简称《12 年科技发展远景规划》），明确将"计算技术"列为未来迫切需要发展的重点技术。这更坚定了王选的决心。"一个人把自己的事业和前途同国家的前途命运联系在一起，才有可能创造出更大的价值奉献于社会。"王选选择了相对"冷门"的专业，之后事实证明，他的选择是富有远见的。

多年后，王选总结回忆说："我在解难题上面的本事并不大……

但是有一点我大概是突出的，就是洞察力、远见力，英语叫 vision 或 insight，具体表现就是我能比别人早一拍走到正确道路上。"

也正是这种远见卓识，让他在今后的科研道路上"一路开挂"。引领王选开启计算机大门的是我国计算机事业的拓荒者——张世龙。1956 年，他根据外文文献，自行设计了一台计算机模型——"北大一号机"，并开设了计算机原理课程。王选对这门课着了迷，跃跃欲试，老师把具体设计"北大一号改进机"的任务交给了他。

王选如鱼得水、废寝忘食，其间还闹过笑话。一日，王选上早班，迷迷糊糊穿上一件衣服就去了实验室，从凌晨 5 点干到中午 11 点多，直到去食堂吃饭，才被同学发现：因为错穿了室友不合身的衣服，把自己捆成了一个"肉粽"，引起大家哄堂大笑。至此，王选的"马大哈"形象也出了名。

生活"马大哈"，源于对科研的专注。"北大一号改进机"顺利调试完毕，但由于当时我国生产的存储器磁鼓不过关，最终机器也未能投入正式运行。这次初试牛刀，让王选在实际操练中实现了数学和电子学在计算机中的完美结合，对从逻辑设计到调试也有了完整的认识，王选对计算机发展的未来充满信心。

1958 年，王选毕业了。大学四年优秀的学习成绩，再加上实习中的完美表现，让他得以留在北京大学无线电系任教。彼时，如火如荼的计算机开发热潮在中国科技界掀起：中国科学院计算技术研究所设计了一台每秒可进行 6 万次运算的大型电子计算机；清华大学设计了一台每秒可进行 1 万次运算的中型电子计算机；北京大学也不甘示弱，决定研制一台每秒可进行 1 万次定点运算的中型计算机——"红旗机"。一旦成功，"红旗机"的运算速度将位居世界前列。

"红旗机"的研制工作在张世龙的带领下进行，他提出大的框架方案。作为得力干将，王选除了肩负逻辑设计任务，还承担部分电路设计及工程设计工作。他别出心裁地把原来一位位串联进位的方法，改成四位一组的成组进位方法，从而大大提高了运算速度。1959 年夏，王选圆满地完成了"红旗机"的逻辑设计任务。这让张世龙对王选赞赏有加。

可是，天有不测风云，张世龙老师被勒令下放到农村进行劳动改造。老师临行那天，语重心长地对王选说："小王，我把'红旗机'的任务托付给你了，一定要把它做好！"

1961 年，经过 3 年夜以继日的工作，"红旗机"通过调试，运行成功。遗憾的是，"红旗机"也没有投入生产和使用，原因还是机体内使用的国产磁芯存储器等关键部件不过关，影响了计算机的性能。

# 病榻之上，矢志科研，瞄准软硬件结合

王选愈战愈勇。可是，病魔正悄悄侵蚀着"拼命三郎"。几年来，因长时间忘我工作，体能透支到了极限，加之营养不良，积劳成疾，一天王选突然昏倒在图书馆里，经多处求医检查，病况堪忧，但一时无法确诊，恐是不治之症。

无奈之下，他请了长假回上海老家养病。在一个民间老中医的调养下，加上母亲的悉心照料，病情竟奇迹般地有所好转。

身体稍有起色，王选那颗执着于科研的心又勃发起来。他瞒着父母，拖着虚弱的身体，顶着近40摄氏度的高温来到图书馆，一头扎进科技文献中，全然忘记自己是重病患者。其间，为了解国外电子计算机发展的最新成果，王选不顾"里通外国"的嫌疑，坚持"偷听"英国广播公司（BBC）的英语广播，练习听力和口语，提升了精读外国文献的能力。

也就是在这个时候，王选又做了科研生涯中的一个重要决定：从事计算机软件、硬件相结合的研究。他选择从"ALGOL 60高级语言编译系统"（注：当时国外刚研制出不久的计算机高级语言）入手，可是苦于无法觅得相关资料。

恰在此时，一个来上海办事的同事捎给王选一本油印资料，正是《ALGOL 60修改报告》，而资料的主人，正是王选的老师、校友和老乡陈堃銶。他俩早已相识并保持联系，只是陈堃銶比王选高一届，后留校，师姐变成了老师，大家亲切地叫她"小先生"。她得知王选求此材料，好不容易谋得一本托人带来。王选捧着这本报告，为陈堃銶如此关心他的科研事业心生感动，下定决心要攻克这座科研堡垒。他用半年时间读懂了这部"天书"，并着手设计。好消息接踵而至，

1965 年夏，王选接到陈堃銶的来信，告知"ALGOL 60 编译系统"被正式列入北京大学科研计划。读着这封满含感情的信，王选的心也飞到了他心爱的姑娘和念念不忘的科研事业那里。

1967 年 2 月 1 日，在北京大学未名湖北岸的健斋 307 室

1967 年，王选与陈堃銶在北京大学未名湖畔

一间仅 10 平方米的小屋子里，没有隆重的仪式，甚至没有一件像样的家具，王选与陈堃銶喜结连理。夫妻相濡以沫，既是生活伴侣，又互为科研助手。同年 5 月，仿若迟来的新婚礼物，"ALGOL 60 编译系统"通过调试，总体设计完全正确，表明王选具备了软硬件理论知识和实践能力。

# 弃追随，敢跨越，在质疑声中研发第四代照排技术

即将进入不惑之年的王选迎来人生最大的转折。这源于一项周恩来总理支持下设立的国家重点科研项目，名为"748"工程。该工程有

3 个子项目，包括汉字精密照排系统、汉字情报检索系统、汉字通信系统。王选敏锐地意识到，汉字精密照排系统具有不可估量的应用前景。

19 世纪中叶，中国从西方引进铅活字印刷技术，主宰了中国印刷业 100 多年，它不仅劳动强度大、排版效率低，铅污染也很大。进入 20 世纪 70 年代，中国仍停留在"以火熔铅，以铅铸字，以铅字排版，以版印刷"的落后阶段，而西方早就采用了电子照排技术。

王选查阅科技情报后发现：20 世纪 40 年代，美国就发明了第一代手动照排机，将字模制作在一块透明的模板上，通过键盘的控制，把选中的字符对准一个窗口，用很强的灯光照射，使这个字符在底片上感光，然后底片移动一下，再照下一个字符；1951 年，美国又研发出第二代光学机械式照排机，把西文字模制作在有机玻璃圆盘或圆筒上，在照排过程中圆盘作高速的匀速转动，当选到需要照相的字符时，自动启动闪光灯，使字符在底片上成像；1965 年，德国推出了第三代阴极射线管照排机，把所有字模以数字化形式存储在计算机内，依靠超高分辨率的阴极射线管发光在底片上成像；1975 年，三代机在欧美广泛使用。然而中国尚在刀耕火种的起步阶段。

横亘在王选面前的重大难题是：中国汉字是不同形状、不同笔画且数以万计的方块字，与 26 个字母的西文相比较，开发中文照排系统的难度不可同日而语。王选与陈堃銶认真研究后分析，中国汉字虽然繁多，但还是有规律可循的。每个汉字都可以细分成横、竖、折等规则笔画及撇、捺、点等不规则笔画。对于规则笔画，可以用一系列参数精确表示；对于不规则笔画，可以用轮廓表示。

王选开创性地以轮廓加参数的描述方法和一系列创新算法研究出的一整套高倍率汉字信息压缩、还原及变倍技术，使采用激光照排输出方案成为可能。该方案得到了北京大学校方的重视，确定争取列入国家"748"工程的计划，并从各单位抽调骨干成立会战组，协作攻关。

王选的高倍率信息压缩方案及高速复原方案迎来第一次大检验。主管"748"工程的原第四机械工业部（简称"四机部"）计算机工业管理局副局长郭平欣出了一道题目考王选，让他的团队以最快的速度做出"山、五、瓜、冰、边、效、凌、纵、缩、露、湘"这11个字。这11个字，无论从结构还是笔画上都各有特点。王选等人经过一个半月的努力交出的答卷，让郭平欣脸上终于露出了笑容："你们做得不错，字体、字迹的质量完全符合印刷要求，'748'工程交给北京大学完成，我们放心！"

当时，国内科研机构选择的是二代机和三代机方案。让大家意想不到的是，王选又做出了重要抉择：跳过当时流行的二代机、三代机，直接研制当时尚无商品的第四代激光照排系统。这一步就跨越了西方国家近40年的研究历程。因为他认为，有时科学研究可以采用创新的设计，绕过常规的方式，实现技术的跨越。

王选找到郭平欣说："搞应用研究必须要有高起点，着眼于系统成熟时未来的国际技术发展，否则，研发出来的成果已是落后的。我们不能跟在国外先进技术后面东施效颦，费力不讨好！"他的想法得到了郭平欣的赞同。

但此方案在业界掀起了轩然大波，遭到质疑，被认为是一种天方夜谭似的空想。更有人说："就连二代机中国几个权威部门都还没有解决，就你一个小助教，能够用数学方法绕过二代机搞出四代机，岂不是异想天开？"

王选后来回忆说："我在骂声中生活了 18 年，最终还是成功了，要学会在骂声中成长。"

1977 年 12 月 6 日，是个非同寻常的日子。这天，来自四机部、新华社、协作单位及各大媒体的人们齐聚北京大学，他们来此的目的是看一场期待已久的实地演练。他们选择的汉字是"羊"字。为检验照排机输出的文字质量和测试计算机与照排机之间的接口，王选他们用"羊"字的汉字点阵存储器与杭州通信设备厂的传真机相连，输出了满版"羊"字的底片。接着，把光源改成激光，采用新方法又输出了一版"羊"字。两版一比较发现，激光输出的质量更高一筹。

"虽然只是一个'羊'字，但这足以证明激光照排系统的技术已经成熟！"郭平欣对在场的人大声宣布。

## 决战市场，让科技成果"顶天立地"

一个有应用价值的科技成果，绝不是温室里的花朵，而要接受市场的风雨考验。汉字激光照排技术从诞生之日起，就经历着内外夹击。

1979 年，正当北京大学原理性样机研制进入攻关时刻，改革开放的大门打开了。"引进风"和"出国潮"让"748"工程腹背受敌。让王选倍感压力的是，世界上最先发明第四代激光照排机的英国蒙纳（Monotype）公司宣布在上海、北京展示英国制造的汉字激光照排系统，力图大举进入中国市场。

蒙纳公司的系统尽管设计思想不先进，中文排版软件和终端的功能较差，但硬件可靠，软件经改进后仍可使用，且已成为商品。国产原理性样机采用轮廓加参数的字形描述方法，设计思想先进，但全部采用国产元器件和外设，系统可靠性差，不易变成商品。

王选决心要在蒙纳公司展览前，输出一张报纸样张。同时，着手研制基于大规模集成电路的真正实用的 II 型机。终于在 1979 年 7 月 27 日，与协作单位共同努力，成功地输出了一张 8 开报纸样张《汉字信息处理》。《光明日报》对此进行了大幅报道。

经过整整 6 年时间，王选和北京大学、潍坊计算机厂、无锡计算机厂、杭州通信设备厂、新华社和天津红星厂等多家单位的 70 余名研制人员一起，经过艰苦卓绝的奋战，终于迎来了 1980 年 9 月 15 日这个划时代的日子。中国第一部完全由计算机激光汉字编辑排版系统排出的样书《伍豪之剑》印刷成功。当时的北京大学校长周培源把此书当成最珍贵的礼物，送给了方毅副总理。

我国用汉字激光照排系统排印的首张报纸样张（1979年7月1日排版，7月27日正式输出）

1981年7月，国家电子计算机工业总局和教育部联合召开原理性样机鉴定会。鉴定结论是："与国外照排机相比，在汉字信息压缩技术方面领先，激光输出精度和软件的某些功能达到国际先进水平。"

按照常规，鉴定会开过之后，科研人员就可以发发论文，将成果锁进抽屉，万事大吉。而王选却很清醒："华光 I 型系统是通过了鉴定，但是它仅仅是样品却不是商品。"他乘胜追击，1983 年，华光 II 型机研制成功。

然而彼时，国外引进热潮方兴未艾，印刷出版系统都认为外国的产品要比国产的放心。面对众多著名国际公司"大兵压境"，有些单位对"748"工程信心不足，望而却步，有的甚至直接撤人，研发工作变得异常艰难。

接下来的半年时间，潍坊计算机公司在北京大学的支持下，开发出外观小巧的华光 III 型系统。与 II 型机相比，III 型机各项技术指标和功能都有大幅提高，价格却大大降低，并朝小型化、实用化和商品化方向迈进了一大步。尤其是 III 型系统所配备的科技排版软件，解决了科技图书出版中数理化公式和符号铸造专用铅字难的问题，在我国科技界和出版界赢得一片赞誉，还在日本出版界大显神威。

除了图书，王选早在 1984 年就考虑其技术在报纸中的应用。《经济日报》印刷厂厂长夏天俊决定第一个"吃螃蟹"：上激光照排！1986 年 9 月底，华光 III 型报纸汉字激光照排系统运抵经济日报社。10 月初，开始进入排报出版的实战阶段。1987 年 2 月底，先后共排编 5 种非日报的报纸，3—5 月，《经济日报》全部改为激光照排，并同时停止了铅排。1987 年 5 月 22 日，世界第一张用计算机屏幕组版、用激光照排系统输出的整张中文报纸诞生了。这意味着王选主持研制的汉字激光照排系统，使汉字印刷从此告别低效有毒的"铅与火"时代，跨入"光与电"时代，印刷出版业的新纪元就此开启。但也并非一帆风顺，系统软硬件潜在问题一一暴露。王选等人沉着冷静、夜以继日地排查问题，经过 10 多天的"扑火"奋战，系统终于可以正常运行了。

　　第二年，经济日报社卖掉了铅字、铅锅、字模、

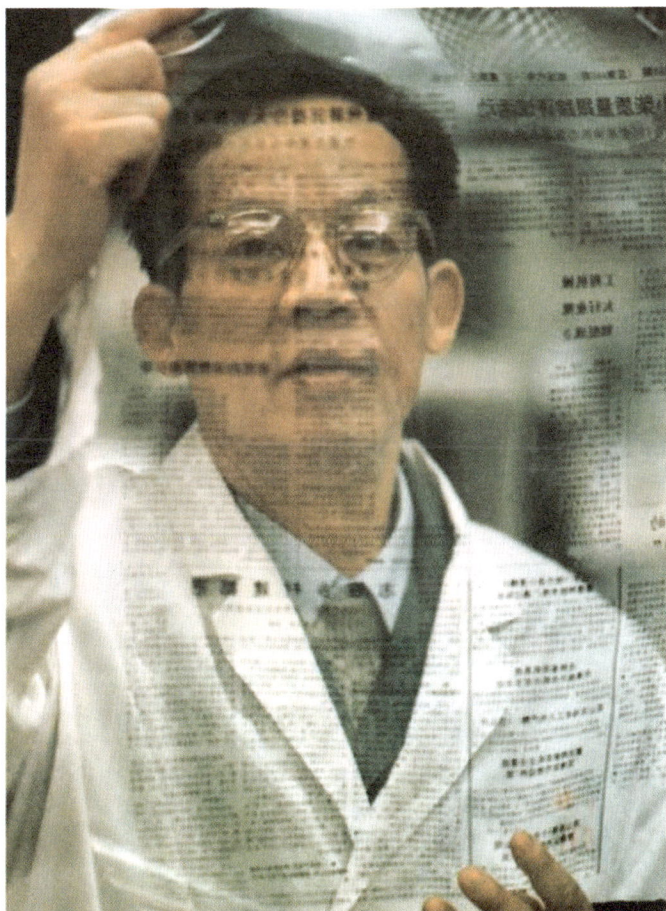

王选在查看用汉字激光照排系统输出的报纸胶片

字架等传统印刷用的设备，成为中国第一个甩掉铅字印刷的报社，拉开了我国"告别铅与火"的大幕。

之后，汉字激光照排系统如雨后春笋般遍布各大报社，不断迭代，最终形成全新的电子出版产业，又使中国新闻出版业实现"四次告别"：

研制成功远程传版技术，实现异地印刷报纸，告别了报纸传真机；

研制成功彩色激光照排系统，告别了电子分色机；

研制成功新闻采编流程计算机管理系统，告别了纸与笔；

研制成功直接制版系统，告别了胶片。

王选不仅是一位战略科学家，还对产业市场有着敏锐的嗅觉和眼光。他提出，高科技应做到"顶天立地"。"顶天"即不断追求技术上的新突破；"立地"即把技术商品化，并大量推广、应用。"顶天"是为了更好地"立地"。他用一生践行着这条屡试不爽的科研准则。

1991年，北京大学计算机科学技术研究所和北京大学新技术公司联合推出了新一代电子出版系统——北大方正电子出版系统。"北大方正"这一享誉海内外的著名品牌由此诞生。1993年2月18日，北大方正集团正式成立。从此，"方正"成为知名的高新技术企业的名字，而王选，就是方正的技术奠基人，他提出并践行了"顶天立地一条龙的产学研结合模式"。

# 功成之时，急流勇退，甘为人梯

1993 年，国内大部分的黑白书刊出版社和印刷厂都采用了王选自主研发的国产激光照排系统，王选已成为享誉海内外的专家，并被冠以"当代毕昇""汉字激光照排之父"等头衔。此刻，王选又做出一个让人不解的决定：急流勇退，退出科学研究第一线，全力扶持年轻人！

这个决定，源于一个年轻人的"刺激"。1993 年春节期间，为了解决"方正 93"芯片遇到的技术困难，王选花了 2 周时间设计了一套方案，节后兴冲冲地将设计手稿拿给硕士生刘志红看，不想，年仅 25 岁的学生一句话就否定了："王老师，您设计的这些没有用。"

学生脱口而出的一句话给了王选当头一棒。但王选一点儿也不生气，而是陷入了反思：冥思苦想的方案被年轻人一句话否决，自己是不是已经老了？他转而就这个问题查阅资料，发现科技界许多著名奖项的获奖人都有一个共同的特点：做出第一个杰出成就时的年龄都在 20 ～ 40 岁。

他思忖：综观自己的两次创造高峰，一次是 1964 年从事软硬件研究，另一次是 1975 年研制激光照排项目，年龄分别是 27 岁和 38 岁。那时自己还是个无名小卒，常常会受到一些表面上比自己更"权威"、却对实际技术细节了解甚少的人的干扰。自己的创造高峰已过，现在能够做的事，是帮助那些有才华、有潜力、尚未成名的"小人物"。"他们需要我的支持。"

王选非常重视培养年轻人，是位心细如发的伯乐。他关注年轻人的工作和生活，把机会都让给他们，甚至把每个学生的性格爱好都记录下来，对他们爱护备至。他还主张对年轻有为的学生破格提拔职称。申报科研成果和论文，他坚持实事求是的署名原则：如果导师做的工作不如学生，排名放在后面；如果没做什么工作，就不应署名。"不要霸占学生成果，这样才能让年轻人出头。"

当有人问他为什么如此热心提携年轻人时，他如是回答："不是我高风亮节，而是我懂得社会发展规律。"王选就是这么一个敢说真话的人，保持着一分常人无法企及的清醒。

他曾在接受采访时说："有人错误地把院士看成是当前领域的学术权威，我经常说时态搞错了，没分清楚过去式、现在式和将来式。我38岁的时候，从事电脑照排领域的研究在国内处于最前沿，在国际上也可以称得上十分前沿，创造了我人生的第二个高峰，但是我是无名小卒，说话没有分量；1995年我58岁的时候，当选中国两院院士和第三世界科学院院士，获得两次国家科学技术进步奖一等奖、一次联合国教科文组织科学奖，虽然没有脱离业务，但1993年我就离开了具体设计第一线，所以我的（创造）巅峰已经过去，现在离学科前沿更远了，靠虚名过日子！"

王选的头衔很多：中国科学院院士、中国工程院院士、第三世界科学院院士、北京大学教授，等等。众多头衔中，他最喜欢的就是别人叫他王老师。他始终坚持，一个好的科学家首先应该是一个好人！

王选的助手丛中笑在书中回忆，1985年，王选工资很低，没有奖金，家中只有一台9英寸的黑白电视机。他因为工作多次出国，看到富人购买高档首饰时，突发奇想："将来历史会证明，这些买高档物品的人对人类的贡献，可能都不如我王选。"他幽默地将其戏称为"精神胜利法"。

这种精神境界让他淡泊名利。王选曾获得过不少奖项，奖金领回后，他没有存进自己的个人账户，而是放到了计算机研究所的账户上。他曾将自己多年来获得的30万元奖金捐给北京大学数学学院，设立周培源数学奖学金，以奖励在教学和科研中做出突出贡献的青年教师。2002 年，获得国家最高科学技术奖时，他把国家和北京大学奖励他的共计 900 万元捐出来，设立了王选科技创新基金，奖励有杰出贡献的科研人员；并把给他个人的 50 万元，交完税后又放到了研究所的账上……王选一生过得非常俭朴，10 多年来，眼镜一直不曾换过，只常备一套正式场合才穿的西装。

2000 年，王选在一次生病检查后，噩耗传来：肺癌。王选淡定地接受了命运的安排，确诊后第三天，他写下了这样的遗嘱：

1. 人总有一死。这次患肺癌，即使有扩散，我将尽我最大努力，像当年攻克科研难关那样，顽强地与疾病斗争，争取恢复到轻度工作的水平，我还能为方正和北京大学计算机研究所，尤其是为国家做一些力所能及的事情。

2. 一旦医生会诊确定已全面转移，并经中医试验治疗无效，医生认为已为不治之症，只是延长寿命而已，则我坚决要求"安乐死"，我的妻子陈堃銶也支持我这样做，我们两人都很想得开，我们不愿浪费国家和医生们的财力、物力和精力，这点恳请领导予以满足。我要带头推动"安乐死"。

3. 在安乐死或正常脑死亡时，立即捐献我身上所有有用的东西，包括角膜，以挽救更多的生命。

4. 我死之后，在取出有用器官后，请务必于 12 小时之内送火葬场，家属不要陪同，只需要少数人执行，骨灰不保留。12 小时内火化完成，就可以完全避免遗体告别、追悼会等我最最反对的程序。

5. 死了以后不要再麻烦人，不得用公款为我设基金，除非我和陈堃銶自己的捐款，才可考虑设基金，基金也不一定用我的名字命名。

6. 我对国家的前途充满信心，21 世纪中叶中国必将成为世界强国，我能够在有生之年为此做了一点贡献，已死而无憾了。

7. 我对方正和北京大学计算机研究所的未来充满信心，年轻一代务必"超越王选，走向世界"。

……

此后王选接受治疗，顽强地与病魔斗争，并适时安排自己的工作，贡献自己的余热。

2006 年 2 月 13 日上午，王选呼吸越来越衰竭、血压不断下降，输进去的血和流出来的血颜色几乎没有区别。陈堃銶深知丈夫的心愿，脸贴在他耳边轻声地问："那咱们不输血啦？留给更需要的人吧！"虽然闭着眼睛，王选还是肯定地点点头。王选曾说"考虑别人和自己一样多就是好人"，在生命的最后时刻，他依然考虑别人比自己多，并最后一次做出忠于自己的选择……

11 时 03 分，王选安详地走了。

　　《汉书·晁错传》对"方正之士"有这样的描述："察身而不敢诬，奉法令不容私，尽心力不敢矜，遭患难不避死，见贤不居其上，受禄不过其量，不以亡能居尊显之位。自行若此，可谓方正之士矣。"

　　王选，用他一生的选择，诠释了"方正之士"的真正内涵。

# 孙家栋

## 中国星　中国心

文 / 余建斌

# 人物小传

　　**孙家栋**，男，汉族，中共党员，1929 年 2 月出生，辽宁复县人，中国航天科技集团有限公司高级技术顾问，风云二号卫星工程总设计师，北斗二号卫星工程和中国第二代卫星导航系统重大专项高级顾问，原航空航天工业部副部长，中国科学院院士。

　　他是我国人造卫星技术和深空探测技术的开拓者之一，从事航天工作 60 年来，主持研制了 45 颗卫星。担任我国北斗导航系统第一代和第二代工程总设计师，实现了北斗卫星导航系统的组网和应用。作为我国月球探测工程的主要倡导者之一，担任月球探测一期工程的总设计师，树立了我国航天史上新的里程碑。

　　荣获"两弹一星"功勋奖章、国家最高科学技术奖、国家科学技术进步奖特等奖和"全国优秀共产党员"称号。2018 年 12 月，被授予"改革先锋"称号。2019 年 9 月，被授予"共和国勋章"。

听说过他的人，都觉得他是个了不起的传奇人物。见过他的人，都忘不了他那温和的笑容、温暖的大手。

他是最年轻的"两弹一星"元勋，也是最年长的卫星工程总设计师。

东方红一号开启中国太空时代，嫦娥一号迈出中国深空征程，40年来100余颗中国星，他的"孩子"有34个。81岁时，他又拿了国家最高科学技术奖。90岁时，他敏捷的思路仍沉浸于思考中国航天的未来。

他给自己打3分，在5分制里，这是个及格分。

他就是孙家栋。

孙家栋留影

# 不是起点的起点

2009 年 3 月 5 日，钱学森给孙家栋写去一封信，98 岁老人亲手签了名。信中说："您是我当年十分欣赏的一位年轻人，听说您今年都 80 大寿了，我要向您表示衷心地祝贺！您是在中国航天事业发展历程中成长起来的优秀科学家，也是中国航天事业的见证人。自第一颗人造地球卫星首战告捷起，到绕月探测工程的圆满成功，您几十年来为中国航天的发展做出了突出贡献，共和国不会忘记，人民不会忘记。我为您取得的成就感到骄傲。"

孙家栋一字一句细看，为钱学森在信中多次提及"您"这个称呼而感动不已，心绪难平。

1967 年 7 月 29 日，一位姓汪的部队参谋驱车直接找到孙家栋，讲明来意，传达指示，随后又直接将他从北京南苑送到当时北京西郊的友谊宾馆。从造导弹到放卫星，人生的转折，似乎也只是十几千米的距离而已。

由钱学森推荐，在导弹设计领域已小有名气的孙家栋，38 岁时受命领衔研制我国第一颗人造卫星——东方红一号。

"现在看简单，但那个年代第一次搞，就连一个满足质量的简单的 21 芯插头都找不到。工业水平、科技水平都有差距。"

孙家栋回忆说，中央根据当时的国际形势判断，要求无论如何也要在 1970 年把第一颗卫星送上天。但从当时的情形看，已经取得不错成绩的中国科学院的卫星研制工作由于受"文化大革命"的冲击几乎停顿。同时，由于卫星方案内容很多，加大了复杂程度，不符合当时的实际条件。卫星上的各种仪器研制进度不一致，有的仪器甚至还没开始动手做。如果按照既定方案走，到 1970 年很难完成。

聂荣臻元帅万分焦急，于是找到钱学森，一定要在 1970 年把第一颗卫星送上天。

"钱老组织我们反复研究，最后得到一致意见，就是确保 1970 年第一颗卫星上天，方案需要简化。第一颗卫星最主要的目的就是要向全世界宣布，中国也掌握了航天技术。时间来不及，科学目标可以让下一颗卫星来实现。"孙家栋说，这样卫星里面的仪器简化到最低程度，"感觉可以拿下来"。

"上得去、抓得住、听得清、看得见"，寥寥 12 字，简洁地概括了"东方红一号"卫星的总体技术方案和目标，以此形容初次接触卫星的技术负责人孙家栋也十分贴切。

当时的孙家栋就展露出擅长总体协调的能力。他选定的来自不同单位的 18 名技术人员，后来成为中国卫星发展史上著名的"十八勇士"，得到了毫无争议的认同，人们还敲锣打鼓地把这些技术人员送来。

"那时候分歧厉害，提名很难，最后凑巧，群众对名单没什么意见。"分析原因，孙家栋谦虚地说，"从工作需要出发选人，人们自然通情达理。"

随后，他又重新制订了东方红一号的总体技术方案。方案需要有人拍板，孙家栋找到时任国防科学技术委员会副主任的刘华清，直率而恳切地说："你懂也得管，不懂也得管。你们定了，拍个板，我们就可以往前走。"

出于对毛主席的热爱，许多卫星产品研制单位流行把毛主席金属像章镶在生产工具上，继而又镶到产品上。这既导致卫星重量超标，也极大地影响了卫星质量。虽然事关重大，但验收产品时，谁也不敢说出"毛主席像章影响卫星了"这句话。

孙家栋去人民大会堂向周恩来总理汇报卫星进展，为了是否该如实汇报像章的问题，他想了一夜。汇报时，图纸铺在地毯上，孙家栋蹲着给周总理讲解。周总理听得入神，也蹲下来细听。孙家栋趁机提了像章的事情。周总理听后同在场的人说：你们年轻人对毛主席尊重热爱是好事，但是大家看看我们人民大会堂这个政治上这么严肃的地方，也不是什么地方都要挂满毛主席的像。什么地方、什么时候挂都是非常严肃的事情。周总理的一番话，最终解决了一个棘手的问题。

1970 年 4 月 24 日，"东方红一号"卫星发射上天并成功入轨，传回人们熟悉的《东方红》乐曲，举国欢腾。中国从此迈入太空时代，成为世界上第五个能够自主研制并发射卫星的国家。消息传来，短时

年轻时的孙家栋在
工作
（摄影：杨武敏）

间内，天安门广场上就挤满了激动万分的人们，大家争相传看《人民日报》号外。

比较公允的评价是，如果按照原来的方案，"东方红一号"卫星不可能在 1970 年发射成功，有人说，"没有孙家栋的这两下子，卫星发射可能还要再等几年"。

"十八勇士"之一、后来成为神舟飞船总设计师的戚发轫说："孙家栋是小事不纠缠、大事不放过的人，跟他在一起痛快！"

已故的"两弹一星"元勋陈芳允院士曾说起，"孙家栋在年龄上虽然要比我们年轻许多，但他为人处世很谦虚，很低调，很注意用分析的态度倾听不同意见，所以在学术界经常能够获得大家的支持"。

对孙家栋而言，东方红一号，意义最特殊，最难以忘怀。

# 真正认识航天

航天发射，每次坐在指挥大厅里，各个系统报告航天器状态，孙家栋就爱听两个字："正常"。但"正常"背后，对"质量就是航天生命"的认识，是用几十年的血泪经验换来的。

1974 年 11 月 5 日，我国发射第一颗返回式遥感卫星，这是孙家栋航天生涯中漫长而难熬的一天。

离火箭点火发射还剩几十秒，卫星没有按照程序转入自己内部供电，这意味着火箭送上天的只是一个 2 吨重的毫无用处的铁疙瘩。

孙家栋脑子里"轰"的一声，这是天大的事情，他再也沉不住气，大喊"赶快停下来"！但按照航天发射程序，此时即使是孙家栋也没有发言权，他的喊停，既违反纪律，又冒着政治风险。发射场负责人尊重了孙家栋的意见，中止发射，检查并且排除了故障。

下午组织火箭再一次发射。"没想到，转眼间火箭掉头就下来了，对爆炸那是心里一点儿准备都没有。"孙家栋说，幸亏还仗着火箭飞了 21 秒，否则整个发射场都没了。火箭随同卫星一起爆炸，所有人的数年心血随之化为灰烬。

孙家栋从地下指挥室出来，眼前的情形让他难抑泪水：冰天冻地的西北戈壁滩，已是一片火海，脚下的地面都感觉发烫。掉着眼泪的人们，才真正认识到搞航天的难度。当时，太阳已经靠近大漠戈壁的地平线，夕阳似血，仿佛是人们心情的写照。

三九天里，200多人含着眼泪捡了3天，在沙地里捡起一块块残骸，就连小螺丝、小线头都不放过，要捡回来把问题找出来。有的人心细，还拿筛子把混在沙子里的东西都筛出来。孙家栋鼓励大家不要灰心、不能丧气，更不能被失败吓倒。最后实验证明，是一截外表完好、内部断开的小导线酿成了这场大爆炸。

这件事影响了中国航天几十年，也促成航天质量体系和制度的建立。如今航天界有一个5句话组成的故障归零标准，即"定位准确，机理清楚，问题复现，措施有效，举一反三"。

"最厉害的是'举一反三'"，孙家栋说，一个电子管零件坏了，火箭或者卫星上的所有仪器，都不能再出现这一批次的零件，不论好坏都不能用。"这是几十年血的教训积累。"

1975年11月26日，又一颗返回式遥感卫星终于冲出大气层，又平安返回，落在一片水稻田里。当时卫星没有设计挂钩，还是靠看热闹的老大爷出主意，用两根长木头，人们喜气洋洋地把卫星抬上了汽车。当时，返回式卫星被认为是世界上最复杂和最尖端的技术之一，世界一流航天强国美国和苏联也是经过多次失败才成功的。

　　"航天发展到现在，是世界公认的高风险活动。任何一个环节出问题，往往带有灾难性的后果。"孙家栋说。

　　航天发射非同寻常，关键危急时刻需要有权威甚至一锤定音的意见，但这又需要承担巨大的风险，将个人的一切顾虑抛到脑后。

　　1984 年，中国第一颗试验通信卫星在 36000 千米高空发热。当时如不"退烧"，整个卫星将失效。孙家栋提出建议，对卫星姿态调整 5 度。现场操作人员慎重起见，拿来白纸写下"孙家栋要求再调 5 度"的字据，请孙家栋签字，孙家栋毅然签下自己的名字。

　　卫星最终化险为夷，而这颗通信卫星投入使用，也标志着中国成为世界上第五个能发射地球静止轨道卫星的国家。

# 人生不需要选择

　　7 年学飞机，9 年造导弹，44 年造卫星。对几次关键的人生转折，孙家栋说，"国家需要，我就去做"。

　　1957 年 11 月 17 日，正在苏联留学的孙家栋在莫斯科大学的礼堂亲耳聆听了毛主席那番著名的话语："世界是你们的，也是我们的，但是归根结底是你们的。你们青年人朝气蓬勃，正在兴旺时期，好像早上八九点钟的太阳，希望寄托在你们身上。"

毛主席第一次讲，孙家栋第一次听，青年人的血液霎时沸腾，"那时候下了决心，国家需要你干什么事情，就去干"。

当初，因为等着吃学校里的一碗红烧肉，遇到报名参军的机会，孙家栋当天报名，当天入伍。之后到苏联留学，下定决心一辈子干航空，没想到回国后被选中造导弹，之后又转向放卫星，从此和航

1950年1月，孙家栋从哈尔滨工业大学报名参军

天结缘半个世纪。对孙家栋来说，"热爱祖国"不是一句空话。

中国航天最困难的时期是改革开放初期，那时候连报纸也为航天人鸣不平，讲"搞导弹的不如卖茶叶蛋的"。孙家栋还真的收到过一位沈阳老大妈叫她儿子给写来的信，信上说："我是卖茶鸡蛋的，听说你们搞航天的这么困难，我愿意把这几年卖茶鸡蛋挣的钱支援给你。"

孙家栋看得直想掉眼泪。他给老大妈回了信，更重要的是，他再一次感到，任何一件事情要有自己的见解、自己的判别能力，基础就是对国家和事业的热爱。

20世纪80年代末，担任航空航天工业部副部长的孙家栋从科技专家变成"商人"，和美国专家谈判，将中国航天引入世界舞台。

"我第一次带着代表团到美国去推销我们的火箭，大家从技术人员变成了商人，也不太懂商人这个行当。咱们国家生活条件也很艰苦，出差一天的生活补助一到两美元，住宿的旅馆，外国人看来条件是比较低的。"孙家栋回忆说，那时候胆子真大，火箭还只是张草图就敢去推销。

他找到几位爱国华侨，说中国火箭要走入国际市场，请他们帮忙介绍一些美国的客户。华侨们都很热情，但最后提出一个问题："你们住在这样的旅馆里头，准备跟人家谈几千万美元的生意，谁能相信你们？人家不但不相信你是共和国的副部长，还以为你是骗子。"最后还是华侨们帮忙，代表团才住进了比较高级的酒店。

1990 年 4 月 7 日，"长征三号"运载火箭在西昌卫星发射中心将美国休斯空间公司的"亚洲一号"通信卫星成功送入预定轨道。休斯空间公司的董事长说，休斯空间公司已经发射同步轨道卫星 67 颗，中国火箭的这次发射精度是最高的。

当时孙家栋坐在发射指挥大厅里，当指挥员下达点火命令以后，大厅里面鸦雀无声，他甚至都能感觉到旁边几个人的心跳，这种极致的安静状态整整持续了 24 分钟。为什么会如此安静？后来一位老华侨的话或许给了孙家栋答案："中国卫星能打多高，国外华人的头就能抬多高。"

在经历过旧中国的孙家栋心里，中国火箭的成功，也将"洋火时代"抛在了身后。

# 栋梁长于沃土

孙家栋爱笑，嫦娥一号卫星系统副总指挥龙江说，孙家栋的微笑很有魅力，难以形容，却能感染众人。在好几张和钱学森的合影中，六七十岁的孙家栋咧嘴大笑，像个孩子。

"我们那时就像一帮孩子，在钱老指导和领导下工作。我当年刚来的时候，对导弹确实是一窍不通，看过一些资料，但真正地干，还不行。"孙家栋回忆说。

1958 年，孙家栋从苏联留学回国。留学期间，从第一天开始一直到毕业，所有考试都是满分 5 分。但学航空的孙家栋回国后却被挑中去搞新中国第一颗导弹。

"我搞导弹，前几年就是学习，向老同志学习，向周围同事学习。"之后被调去搞卫星，他还是继续向别人学习。

"我们航天精神有一句非常到位的话，就是'大力协同'。形成团队，除了共同学习，更要共同支持。离开集体的力量，个人将一事无成。"孙家栋说，航天事业风险非常大，但承担压力的绝对不是一个人，是一个团队大家共同战斗。

孙家栋说，当年开始搞火箭、卫星，是卫星先做，还是卫星上的仪器先做，这么简单的事就搞不定。如果不是"你给我创造条件，我给你创造条件"，什么事都办不成，"中国航天真是一个集体"。

第一代航天人大概分为四个群体。一是以钱学森、任新民、屠守锷、庄逢甘等为代表的科学家，来的时候都是 40 多岁，年富力强，起着带头作用；二是组建航天队伍时从部队里调来的身经百战的老革命，文化程度比较高，组织能力比较强；三是像孙家栋一样刚毕业的年轻人；四是一批有着工人阶级本色的老技术工人。

孙家栋搞导弹时，研究室指导员原是东北第四野战军的团政委，在海南省一个县里当过武装部长，在十多万人的大会上坐过主席台，来到这里却领导二三十个"大孩子"。

　　"这批老革命确实为组建航天队伍起了重大作用，把队伍拉了起来，组织年轻人干事。"孙家栋说。困难时候，聂荣臻元帅给科技人员送来黄豆，要求这些政工干部一粒也不许碰，真就是一粒也没动过。

　　如今的航天系统工程，遵循着"两总"（也就是总指挥和总设计师）两条线，雏形可能就是来自当时政工行政干部和科技人员的共同配合。

　　无论是造导弹还是放卫星，孙家栋长期负责航天工程总体技术，他对"总体"二字深明要义："所谓总体，就是要用最可靠的技术、最少的代价、最短的时间、最有利的配合、最有效的适应性和最有远见的前瞻性，制订出最可行的方案，保证获得最好结果的一种方法和体制。"

　　航天事业是千人、万人共同劳动的结果，擅长"总体"，实际上正是融合团队、凝聚团队和发挥团队力量的一种能力。

　　"他非常注重培养年轻人。"34岁就担任嫦娥一号卫星系统副总指挥的龙江说。通过航天工程实践，孙家栋培养了像龙江这样的一批优秀航天科技人才，不断充实到航天人团队中。在发掘年轻人这一点上，他和赏识他的钱学森有着相似之处。

　　"从第一枚火箭和第一颗卫星开始，钱老带领我们这支队伍，团结友爱，逐步形成了航天精神，这种精神现在还在传承。"孙家栋说，"我热爱我们的队伍，我们是心心相印的。"

# 见证中国北斗崛起

作为中国又一张国家名片，截至 2019 年 6 月，北斗卫星导航系统（简称"北斗系统"）已发射 40 多颗组网卫星。

作为北斗系统总设计师，孙家栋见证了北斗系统从建设初期到不断发展壮大的奋斗历程。2015 年，他光荣卸任，成为北斗系统的高级顾问，并出任北斗系统科学委员会主席，继续推动中国卫星导航学术发展。

20 世纪 60 年代，美俄竞相发展卫星导航系统，历时 30 余年，分别建成全球定位系统（GPS）和格洛纳斯卫星导航系统，系统持续更新，性能不断提升。20 世纪 90 年代起，中国北斗系统建设被提上议事日程。1994 年，国家批准"北斗一号卫星定位工程"立项，工程总设计师为孙家栋，北斗工程自此全面启动。

探索路上布满荆棘，北斗一号系统的研制时刻考验着北斗人。当时，选择一个使用寿命和载荷能力适当的卫星平台来建造北斗卫星，成为当务之急。

人们的第一个选择是东方红二号卫星平台，这是中国当时在轨卫星中最成熟的平台。但由于"北斗一号"卫星载荷过重，超出了平台

的载荷能力，最终只能放弃。第二个选择就是当时
正在研制的东方红三号卫星平台，虽然这个平台的
使用寿命和载荷能力都优于其他型号，但当时使用
东方红三号卫星平台的首星发射失败了，而故障问
题恰恰被锁定在卫星平台上。

　　在重大关口，孙家栋分别对两种平台进行了系
统分析、风险评估和工程设计，并坚决选择了东方

孙家栋工作照

红三号卫星平台。他带领研究人员通过更改发动机的技术设置，成功发射了"东方红三号"卫星。这颗卫星的成功发射，证明了科学家们的分析判断和工程更改的正确性。这一振奋人心的成果，也像一剂强心剂，极大地鼓舞了北斗人的信心。于是，北斗卫星更换为东方红三号卫星平台的方案很快获得批准。

有人评价，这一决定绝对不是权宜之计，而是孙家栋等第一代北斗人用大量的试验、过人的魄力和坚实的信心选择的一条必由之路。

2000年10月和12月，两颗"北斗一号"卫星成功发射，北斗一号系统取得初步成功。虽然这只是探索性的第一步，但这个与中国当时的经济实力、工业基础以及技术水平相适应的卫星导航系统，实现了我国导航卫星从无到有的跨越，展现了对中国及周边地区的导航能力，同时比起世界上其他卫星导航系统，也有自己的特色，增加了短报文通信功能。这个功能不仅可以让卫星导航系统告诉用户他什么时间在什么地方，还可以让用户告诉别人自己在哪里。短信和卫星导航结合，是北斗的独特发明。

之后，为了提升双星定位系统的能力和使用寿命，孙家栋又带领研究队伍马不停蹄地研制双星的"备份星"。2003年5月，北斗一号第三颗卫星成功发射，顺利进入轨道，让北斗一号系统稳稳地架设在了太空。自此，北斗一号系统工程全面建设成功，使中国成为继美国、俄罗斯后第三个具有独立自主导航能力的国家。

解决有无问题只是第一步，要想在全球范围内实现连续、稳定、高精度的卫星导航，一个更加庞大、更加复杂的全球卫星导航系统必不可少，孙家栋带领北斗人又开始了新的探索。

2004 年，国家批准北斗二号建设任务，旨在为全球用户提供连续、稳定、可靠的定位、导航和授时服务，孙家栋继续担任北斗系统总设计师，中国自主导航全面进入了北斗二号的快速发展时期。

当时，有声音主张借鉴美国 GPS 的发展模式，即直接建设全球系统，这样就需要投入大量的人力、物力。但一口气吃成"胖子"、一步建成全球系统，难度极大。北斗二号站在了历史的十字路口，未来如何发展，北斗人陷入沉思。

在这个历史的岔路口，作为系统总设计师的孙家栋再次展现出高超的智慧，他提出首先进行区域组网建设，提高服务性能，满足我国及周边地区的导航需求，在此基础上，再发展服务全球的北斗建设发展之路。这也是今天人们耳熟能详的具有中国特色的北斗"三步走"发展战略：第一步，2000 年建成北斗卫星导航试验系统，使中国成为世界上第三个拥有自主卫星导航系统的国家；第二步，建设北斗卫星导航系统，2012 年左右形成覆盖亚太大部分地区的服务能力；第三步，2020 年左右，北斗卫星导航系统形成全球覆盖能力。

从北斗二号提供区域性服务，到北斗三号服务全球，如今，这个"三步走"发展战略基本已成为现实。北斗系统成功为全球用户提供优质服务的事实，证明了这条道路的科学性，日本、印度也纷纷采取此种建设方式，中国北斗系统的建设为世界开创了一种新的发展模式。

在北斗二号系统建设过程中，初步确立了由 5 颗地球静止轨道卫星、4 颗中圆地球轨道卫星和 5 颗倾斜地球同步轨道卫星组网建设。同时，为了保证组网时间表，未来还将采用一箭双星发射，技术难度加大，风险也增加不少。

孙家栋工作照

孙家栋不顾耄耋之年的高龄，亲自登上发射塔架，实地查看发射前的任务准备工作。他甚至俯身趴地查看，不放过任何蛛丝马迹。这种严慎细实的精神和作风，伴随着北斗工程建设爬坡过坎、一路向前。

人们评价，与航天强国的卫星导航系统相比，尽管中国北斗系统起步较晚，但正是凭着满腔热忱，孙家栋带领着一代科研人员，自力更生、勇于创新，攻克了一系列技术瓶颈，最终走出了一条符合中国国情的北斗卫星发展道路。

中国航天也再次用实力证明了自己。

# 从一个圈飞向另一个圈

航天人这一辈子，打失败了哭，打成功了也哭。

2007年10月24日，第一颗探月卫星嫦娥一号在西昌卫星发射中心成功发射。10余天后，经过40万千米的星际飞行，嫦娥一号顺利抵达月球并实现绕月。中华民族终于圆了千年奔月的梦想。

航天飞行指挥控制中心内，人们欢呼跳跃、拥抱握手的一刻，电视镜头捕捉到了这么一个镜头：孙家栋走到一个僻静角落，悄悄地背过身子，掏出手绢偷偷擦眼泪。

孙家栋说，当时的心情，一方面为国家、为民族感到自豪，另一

孙家栋工作照

方面也感觉到航天这个集体没有辜负国家和人民的期望，这两种心情掺和在一起，加上压力突然一释放，感情就难以自抑。

2004 年出任探月工程总设计师时，孙家栋 75 岁。探月工程风险太大，很多人认为，这个工程一旦出现问题，已是"两弹一星"元勋的孙家栋 70 多岁前的辉煌历史会受影响。当时一位探月工程副总设计师说，"他是怀着对中国航天事业的满腔热情来的。"

"当时最大的挑战，就是第一次进入深空。卫星跑出 40 万千米，是第一次。以前所有卫星都只和地球有关系，属于双体运动。'嫦娥'离开地球去月球，变成三体运动，也是第一次。"孙家栋肩上不能说没有压力。

当年东方红一号，完全可能早一些发射，但为了确保万无一失，在 1969 年年底又用 3 个月时间对卫星进行质量复查研究，最后终于放心地把卫星放上天，足见第一次的难度。

孙家栋再次显露总设计师的本事，化繁为简，创新利用现有的火箭、卫星和航天测控系统，确定了"嫦娥奔月"方案。当嫦娥卫星一发射出去，人们看到的是一串串数据、一条条曲线，但在孙家栋眼里，速度曲线往上抖或者往下抖，所代表的卫星状态，那是清清楚楚。卫星被月球成功捕获的一刹那，速度值有个拐点，孙家栋感觉自己的心都要跳出来了。

平时遇到难题，孙家栋"喜欢看天"。"嫦娥一号"卫星奔月，要求准时发射、准确入轨、准确测控。但地球在转，月球也在转，发射窗口时间有限……这些难题让孙家栋日思夜想，时常半夜起来站在窗口琢磨。有一次，他在阳台上从后半夜一直站到天空泛白，月亮轮廓慢慢变淡。自从主持嫦娥工程以后，孙家栋看月亮便多了一分特别的意味。

孙家栋外衣胸口经常别着一个航天标志的圆形徽章，标志中间是个类似火箭的形状，往外是三个圈，分别代表三个宇宙速度，也代表人类航天梦想的三个阶段。他为之奋斗了几十年。

打完"嫦娥"后，孙家栋走到了最内圈和第二个圈之间：摆脱地球引力，活动空间扩展到了太阳系。"中国航天的下一个发展目标，应该是有能力到达太阳系的任何角落。"他说。

# 航天已成为他生命中的一部分

当前，中国航天已进入高密集发射阶段，仅 2018 年，长征火箭就连续成功发射了 37 次，位居世界航天发射次数年度第一。

但在 10 年前的 2010 年，中国航天刚开始进入高密集发射阶段，那一年仅北斗导航卫星就计划发射 5 颗，航天人感觉肩上有压力。孙家栋那时候还是北斗卫星导航系统工程总设计师，加上担任嫦娥二号任务的高级顾问，一年光是西昌卫星发射中心和西安卫星测控中心，

2010 年 12 月 15 日，孙家栋在西昌卫星发射中心（摄影：李明放）

81 岁的他就去了 17 次。老伴儿给他买的布鞋，一年磨破好几双。

"我数也不数了，你走就走吧。"老伴儿魏素萍略带埋怨地说，老了老了该歇歇了，"但国家需要，那你怎么办！"

有关单位的领导来看望孙家栋夫妇时，恳切地对魏素萍说："魏阿姨，我们知道您有意见，但这个任务就只能他来做，他坐在那里，就是无形的支持。"

"50 年都没有聊的时间，也没话题。"魏素萍说，孙家栋回到家，说的不是废话就是与工作有关，有时甚至一句话都不说，她闷的时候只能对着墙说。

1967 年，孙家栋的女儿出生，当时他正有任务在身。魏素萍没有给丈夫打电话，孙家栋没来电话她也不生气，一个人要了个板车自己去了医院，孩子出生时孙家栋也不知道。护士看不下去，都是航天系统的，直接给孙家栋打电话："孙主任，你爱人给你生了个大胖姑娘，不过来看看？"

孙家栋心里有歉意，但嘴上不说，时刻找机会弥补。一次出差，他跑到专门卖女鞋的店里，想给老伴儿买双鞋。只见他变戏法似的拿出一张纸，是在家时候比着老伴儿的脚画好，剪好带在身上的，在场的人既惊讶又感动。

有一年，魏素萍因为脑血栓身体半边麻木，胳膊和手不听使唤，但一年后，她竟奇迹般地康复了，这一年里孙家栋的体重减了 20 斤。

在魏素萍眼里，"这个人头脑就是简单，除了工作，其他都不想，还是个英雄?"

但她又说:"下辈子还嫁给孙家栋。"

2007年,"嫦娥"任务后,孙家栋回到北京,和老伴儿出门打车。一上车,司机就看出来了,问:"您是搞航天的吧?"然后又加了一句,"我特别爱好航天。"

让给自己的航天生涯打个分,孙家栋怎么也不肯。后来实在拗不过,他说要是5分制,就打3分。打完分,他很不好意思,"自己已经感觉打得很高了。"他说,航天已经成为自己生命中的一部分。中国航天事业对民族而言太重要了,在航天这个团队里,自己愿意有多少力尽多少力,绝不保留。

如今,年届九十的孙家栋,每天的爱好依然是翻看大量资料,包括各国的航天资料和航天专业书籍。他的心,大多数时候还牵挂着中国的航天事业。

在从航天大国走向航天强国的路上,这个航天老人的传奇仍在继续。

# 吴良镛

## 人民得安居　毕生情所系

文／陈圆圆

# 人 物 小 传

　　**吴良镛**，男，汉族，中共党员、民盟盟员，1922 年 5 月出生，江苏南京人，清华大学建筑学院教授、建筑与城市研究所所长、人居环境科学研究中心主任，中国科学院院士，中国工程院院士。我国著名的建筑学家、城乡规划学家和教育家，活跃在国际舞台的世界著名建筑与城市理论家。

　　创建了中国人居环境科学，建立了以人居环境建设为核心的空间规划设计方法和实践模式。运用这一理论，成功开展了从区域、城市到建筑、园林等多尺度多类型的规划设计研究与实践，主持参与京津冀城乡空间发展规划研究、北京菊儿胡同四合院工程、北京图书馆新馆设计、天安门广场扩建规划设计、广西桂林中心区规划、中央美术学院校园规划设计、孔子研究院规划设计等多项重大工程项目。

　　先后获得世界人居奖、国际建筑师协会屈米奖、亚洲建筑师协会建筑奖金奖、陈嘉庚科学奖、何梁何利基金科学与技术进步奖以及美、法、俄等国授予的多个荣誉称号。2012 年 2 月，获 2011 年度国家最高科学技术奖。2018 年 12 月，被授予"改革先锋"称号。

他是一名建筑学人，从 1945 年起，面对战后的满目疮痍，立志从事建筑事业，经历城市规划变迁，在风雨中走过了半个多世纪。

他是一名大学教师，指导学生、参加实践、投身科研，矢志于"匠人营国"，致力于"谋万家居"。

他是中国德高望重的"90 后"，个人与家国命运同构，把个人抱负与国家发展、社会需求紧密结合起来，让人居环境科学的研究工作拥有时代意义和重要价值。如今，他的名字前已无须冠以任何名号，人们只称他为：先生。

学习成长的年代饱受战乱之苦，追求事业的过程有豪情也有困惑，但最终取得了辉煌成就，这离不开一个人坚定的理想和志向。在他身上，我们看到了何谓"人民得安居，毕生情所系"。

真正的学者，将生命与学术紧密扣衔在一起，在时代文化转型的风云中直面人生苦难，体验着生存深渊并敢于直入深渊探索，以真性情、真情怀、真热忱去担当一个世纪的追问，并开出新境界。

美籍华裔建筑学家贝聿铭曾经说过："不管你到哪个国家，说起中国的建筑，大家都会说起吴良镛。"而他却说："一个真正的建筑大师，不是看他是否设计出了像埃菲尔铁塔一样流传百世的经典建筑，而是看他是否能让自己国家的老百姓居有定所。"

走近吴良镛，走近的是一个建筑学人跨越近百年的求索之路，仰望的是一份矢志不移的中国人居梦。

# 少年立志：战火中点燃建筑梦

我成长于抗日战争的硝烟之中，亲历百姓不得安居之苦楚，建设美好人居的种子自幼时即埋藏于心间。

回顾既往，我自审之所以没有转错大方向，很大程度上还是与早年立志有关，我很早便立志在建筑与城市的学术领域做一些事，在不同时期，根据现实条件，做出相应的选择。

——吴良镛

吴良镛之所以选择建筑事业作为一生的追求方向，与他青少年时的成长经历密不可分。

1922 年，吴良镛出生于古都金陵（今南京）的一个普通职员家庭。他的童年生活过得十分困难，有时一碗馄饨加一个咸鸭蛋，还得分中、晚两顿食用。

虽然家中并不富裕，吴良镛的父母却对孩子的教育抓得很紧，从小便将他送入私塾，教育他立志、向上、有正气。吴良镛名字中的"镛"，意即大钟，父母还为其取了个别号"振声"，又名"如响"，取"君子如响""大扣之则大鸣"之意，勉励他为人处世谦虚谨慎、勤勉好学。

1930 年，上小学二年级的吴良镛
（图片来源：《良镛求索》）

上了半年私塾后，吴良镛转入家附近的一所小学就读。他小时候爱好绘画，画作曾被送到国家级的联盟展出，当时的书法绘画老师一直鼓励他以后搞绘画、工艺美术。小学的一次考试让吴良镛记忆深刻。那次，考前他夸下海口能得七八十分，结果只考了 50 分，被年级主任狠狠批评："吴良镛骄傲了。"这个小教训，让他一辈子铭记：要"兢兢业业做事、不骄不躁做人"。

当时，国家正值内忧外患，神州大地战火连连，经济萧条。1931 年"九一八"事变，日军占领东北，吴良镛正上小学二年级。小学毕业后，吴良镛就读于私立钟英中学，参加了童子军露营、操练。高中时期，他在镇江中学只读了 1 个月，抗日战争就全面爆发，上海战事失利，吴良镛不得不跟随兄长离开家乡，在流亡中求学。

他跟随兄长辗转至武汉、重庆，最终落脚合川，在江苏省为流亡师生组织开办的国立二中，继续完成了剩下两年多的高中学业。1940 年 6 月，吴良镛参加大学统招考试，刚交完最后一科考卷，就听到防空警报响起，日本人的战机突然来袭。那一夜，合川大半座城在燃烧中化为灰烬。带着离乡背井、国破家亡的痛苦，揣着重庆中央大学的录取通知书，吴良镛踏上了三年半的大学求学路。

大学期间，吴良镛选择了建筑系，受教于鲍鼎、徐中、谭垣、杨廷宝、刘敦桢等我国建筑教育先驱。

大学三年级时，他应征加入滇西远征军第二军美军顾问组，担任译员，跟着部队长途跋涉一年多，直至畹町会师后才返回重庆。

学以致用、振兴国家，是那个时期青年学生思想的主旋律。

——战火纷飞生死考验，重建家园一腔热血，促使他立志学习建筑；

——校园求学"读万卷书"，亲身抗战"行万里路"，启迪了他的"人居"之梦。

一段懵懂的逐梦人生，就此锚定方向，徐徐启航。

# 投身教育：象牙塔里大千世界

人的一生不知要走多少十字路口，一个弯转错了就很难回到过去的志愿，因此道路的选择至关重要。人生中有太多太多的机遇、变迁，甚至有无限的偶然性，国家的发展、经济社会的变迁，乃至家庭中细小的问题都会引人转向，甚至于改变一个人的命运。

——吴良镛

1945 年 5 月，吴良镛迎来了人生一个重要的转折点。他遇上了恩师梁思成，同时与清华大学结下了不解之缘。

师生的机遇，源于一篇文章。上大学期间，吴良镛曾在班办杂志《建筑》上发表了题为"释'阙'"的文章，被著名建筑学家梁思成看到并赏识，让他到身边协助工作，主要完善《图像中国建筑史》一书。

在梁思成身边工作的这段时间里，吴良镛有机会看到从国外带回来的建筑领域的最新资料，这使他大开眼界，不仅增长了知识，对学术研究的认识也有了一种懵懂的启迪。

抗日战争胜利后，刚毕业 2 年的吴良镛应梁思成之约，协助创办清华大学建筑系。1946 年 8 月，吴良镛到清华大学赴任，开启了个人教育生涯的起点，新中国建筑教育的新篇章也自此揭开。

每当回想起与清华大学的缘分，他的语气中都充满无尽的怀念和感激："跟随梁思成先生筹办清华建筑系，是我一生最重要的转折点。"

建系之初，空空如也。吴良镛是系里"一把手"，需要准备素描教室，安排定做画图板、绘画架子、石膏像，给图书室添置书籍，等等；作为"新手教师"，他还要给招来的 16 名学生备课指导。经验不足，就靠勤奋来补。一件事情，他的脑子里往往预先规划十几个方案来应对。

吴良镛至今记得 1947 年的开学典礼上梁思成的讲话——"住者有其房"，倡导提高人民居住质量；"体形环境论"，即人所生活的地方不仅是房子，还有周边的环境。这两个观点，不仅成了清华大学建筑系的学术思想纲领，也启发了他的学术观点。

原来，建筑师不能只是盖房子，还要让人们在美好的环境中生活。

　　校园风光令人沉醉，知识殿堂游无边界。眼见建筑系的建设从零开始，走向欣欣向荣，吴良镛的生活也从漂泊中安定下来，潜心学术、教学和实践。

　　然而，又一个挑战摆在了他的面前。1948年春，一封推荐信从当时的北平被送上远洋轮船，漂洋过海抵达大洋彼岸的美国匡溪艺术学院，最终送到了当时世界著名的建筑师伊里尔·沙里宁手中。推荐信的执笔人是梁思成与林徽因，长篇评语，描述的正是得意弟子吴良镛。初秋时分，26岁的年轻人乘"戈登将军"号邮轮远赴美国，进入匡溪艺术学院建筑与城市设计系深造。

　　在导师沙里宁的指导下，吴良镛开始探索中西

1950年，吴良镛在美国匡溪艺术学院布置毕业展览（图片来源:《良镛求索》）

交会、古今结合的建筑新路，其间曾获罗马奖金建筑绘画雕塑设计竞赛荣誉奖，在美国建筑界崭露头角。求学期间，沙里宁不止一次对他说："中国有博大的东方文化，可惜我知之甚少，希望你能够在中与西、古与今方面走出自己的道路。"

毕业之际，沙里宁给他的评语称："在他的工作中灌注了一种可以称为中国现代性的精神，这精神，不仅来自一般的人类发展，而且来自中国实际生活的发展，一种新与旧的结合，基于中国自身的坚定不移的精神。"

# 学成归国：一封书信的召唤

人生的道路上不可能一帆风顺，遇到困难是坚持还是退却？就我个人的经历而言，不论是年少时读书求学，还是年长后的研究与实践，几乎处处都有需要面对的困难，也难免遭遇挫折。

年轻人很容易受到挫折的影响而气馁，这里希望与大家以宗白华之语共勉："不因困难而挫志，不以荣誉而自满。"要立志、要选择，在选择的道路上更要有不惧困难的坚持。

——吴良镛

驰骋象牙塔，放眼看世界。世界任纷纭，我自有方寸。

在美两年，吴良镛第一次近距离接触国际建筑界最顶尖的理论学派，第一次切身感知当时世界建筑界各种成就巨大的建设。除了在匡溪艺术学院学习，他还游览了不少地方，拜会了不少学者，收获颇丰。

然而，他一直在等待，等待一个声音，等待一次呼唤。

1950年，一封由梁思成、林徽因夫妇寄出的信漂洋过海，带来了祖国的召唤。

这封信的空白处有许多行歪歪斜斜的字，一看就是林徽因卧病在床时写下的，信的内容大致是国内形势很好，百废待兴，赶紧回来参加新中国的工作，并将梁先生《图像中国建筑史》书稿带回等。

不是没有过犹豫，留恋也在所难免。当时，吴良镛正在导师儿子小沙里宁的事务所工作，小沙里宁得知此事后给出建议："这取决于你未来的事业是放在东方还是放在西方。"而信中"百废待兴"四个字，让吴良镛坚定了自己的抉择——肯定要回国，而且要迅速！

那个年代，许多充满赤子情怀的科学家、艺术家陆续归国，其中数学家华罗庚就与吴良镛乘坐同一艘邮轮。回程并非一帆风顺，吴良镛冲破重重阻挠，几经周折才回到北京。

阔别的游子，终于扎根故土。

年轻的共和国，年轻的建筑系，年轻的学者，怀抱着对未来的憧憬，内心的热情推动创举。

一回国，吴良镛就全身心投入清华大学建筑系发展和新中国建设事业中。1951 年，他开始主持清华大学建筑系市镇组工作，随后历任建筑系副主任、主任。此外，他还与中国农业大学汪菊渊教授一道创办了我国第一个园林专业。1959 年，吴良镛倡导创办了清华大学建筑设计研究院。

其间，国际建筑师协会 1955 年在海牙举办第 4 届世界建筑师大会。中国代表团共 7 人，吴良镛任秘书。赴会的中国建筑师代表团，可以说是中华人民共和国成立后，第一个获国际承认并参与国际活动的学术团体，因此这件事对提高新中国国际学术地位具有重要意义。

新中国第一项大型纪念性建筑——人民英雄纪念碑、清华大学校园、北京大学校园、北京图书馆、毛主席纪念堂……一系列规划设计工作，都曾凝聚他的心血；1976 年唐山大地震后，余震未消，他就作为最早一批专家参加重建规划。

从中华人民共和国成立初期到"文化大革命"，国家发展道路并不平坦，风风雨雨，潮起潮落；吴良镛的内心也并不平静，有时忽有所悟，有时深感困惑，但有一点是始终坚持的，那就是清华大学建筑系战后复兴、建设共和国的创办宗旨——建筑事业与建筑教育不能脱离时代与国家的发展。"建筑系也要有一个学术精神，对建筑事业的爱、对祖国对人民的爱。"

回想昔日，吴良镛依旧感慨："气壮山河的时代巨浪，都凝聚在史诗般的建筑里，气象万千，今日思之仍激动不已，其中所蕴含的创作精神，形式与内容的统一，值得我们今天继承发扬。"

# 学术使命：建筑学要走向科学

一个人的年龄逐步增长，学术的渐进、学术的探求也是要一步一个台阶。每一条前进的道路上，都能或多或少意识到更高的台阶。

既然建筑学是综合的，是由多方面因素、多种学科组成的，那么为什么不就建筑学的多种因素加以分析、深化，最终加以归纳总结？这样不仅会扩大对建筑学的认识，同时又能对建筑学的核心构想加以提升。

——吴良镛

吴良镛的独创性在于他一直致力于创建、改进和不断更新一种广义的综合设计方法。在此，建筑师的角色被重新定义为区域或城市的物质环境转型不可或缺的指导者。

——罗马大学前校长巴贝拉教授为《广义建筑学》作序

1980 年，吴良镛当选中国科学院学部委员。经过墨西哥和美国之行、西欧之旅以及"丝绸之路"考察等一系列对外学术访问交流活动，他逐渐产生"全球视野—中国特色"以至"走中国道路"的愿景，认识到世界学术的方向，那就是要走科学的道路。

这一想法在参加 1981 年的中国科学院学部大会后更加确定。他深深感受到当代建筑学家对建筑学科发展所应肩负起来的重任："面对新中国成立与'文化大革命'后的经验与教训，建筑学要有所作为就必须走向科学，向建筑学的广度和深度进军。"

在人生的黄金 30 年，清华大学建筑系始终是吴良镛心头的第一根弦，他自觉如保姆一般，看望着这个系茁壮成长。

年逾花甲，是时候换个跑道，开启人生新的 30 年了！

1984 年，62 岁的吴良镛正式卸去行政职务，初创建筑与城市研究所（简称"研究所"），开始"进军科学"的探索。强大的使命感和紧迫感让吴良镛抖擞精神，从理论与实践两个维度同时迸发。

创业维艰。在此之前，时任清华大学校长张维曾邀请他前往深圳大学创办建筑系，他却婉拒盛情，选择成立研究所。吴良镛没把之前的课题、人员、经费带来，研究所成立之初仅有 2 万元研究经费，半间屋子、一张桌子、两把椅子，研究人员不过一个刚毕业的本科生和几个硕士生。吴良镛常常凌晨 3 点起床工作，"鏖战"两三个小时之后，稍事休息便准时上班。几十年来，每天清晨和傍晚，这位白发苍苍的学者拖着一辆盛满图书和资料的小推车在上下班路上走过校园，风雨无阻，成为清华大学校园一景。

经过几年耕耘，研究所逐渐步入正轨，吴良镛也迎来学术研究成果全面开花的"黄金二十年"——1989 年，出版了《广义建筑学》，获得国家教委科技进步奖一等奖；1987—1990 年，主持完成菊儿胡同 41 号院工程，获得世界人居奖；1993 年，正式提出"人居环境科学"；1998—1999 年，主持撰写国际建筑师协会《北京宪章》；2001 年，《人居环境科学导论》正式出版……他称其为自己"学术人生第三阶段的'爬坡'过程"。

研究所的工作逐渐与国际接轨，不仅发出了中国建筑界自己的声音，还得到了国际的承认、信赖和荣誉。此外，十年磨一剑的《中国人居史》也于 2014 年出版，人居理论体系逐渐丰满。

1995 年，吴良镛考察菊儿胡同

进入 21 世纪，研究所致力于推动京津冀空间规划的研究，完成了《京津冀地区城乡空间发展规划研究》，这是进入 21 世纪对该区域发展的最早研究，入选国家自然科学基金重点项目，被评为"可持续发展的中国人居理论基本理论和典型范例"。2010 年，人居环境科学作为"原创性重大科学技术成就"获得陈嘉庚技术科学奖。90 岁那年，吴良镛荣获 2011 年度国家最高科学技术奖，在他内心，"这比过去获得的奖项更有意义"。

2018 年 12 月，在庆祝改革开放 40 周年大会上，吴良镛被授予"改革先锋"称号，并获评"人居环境科学的创建者"。颇具戏剧性的是，他并非第一个得知自己获奖的人："最初其实没有想到会评上，包括后来在人民大会堂被授予奖章，确实都是没有想到的荣誉。"

90多年的求索和努力，让吴良镛赢得了很多赞誉：中国科学院和中国工程院两院院士，中国建筑学家、城乡规划学家和教育家……美国建筑师协会称他为"新中国建筑与城市规划的先行者和杰出的建筑教育家"。民间有这样的说法，"凡是到过北京的人，都亲身品读过吴良镛"。

亚里士多德曾说："人们为了生存聚集于城市，为了美好的生活而居留于城市。"

在对建筑学的不断探索中，吴良镛意识到，"人居环境的核心是人，是最大多数的人民群众，人居

吴良镛因北京菊儿胡同危旧房改建新四合院工程获 1992 年度世界人居奖（图片来源:《良镛求索》）

环境与每个人的利益密切相关，人居环境科学是普通人的科学"，就此理念不断进化诞生的人居科学，成为他工作的核心。他说："城市像细胞一样是一个有生命的机体，也需要新陈代谢，它是一种'有机'的更新，而不是生硬的替换。"

从参与战后重建到发展人居科学，吴良镛不仅将目标放在了筑建"广厦万间"，而且将城乡规划学、环境学、风景园林学等领域的内容融入建筑学，为实现人类更宜居的环境持续奋斗着。

# 人才培养：君子之道，爱人以德

现在社会舆论的各个方面对于科学道德和学风建设的宣传屡见不鲜，相关的书籍、文章也很多，但是让人痛心的是，学术不端、学术腐败的现象仍时有发生，这些人也许并非对科学道德不理解，而是没有切实地将之落实到一己的心灵与行动中。

必须志存高远、身体力行，从经典的哲理转化为一己之行动指南、行为通则，唯有此，才能慢慢地内化为属于你自己的精神财富，并且会在逐步顿悟中加深体会，并不断加强信念，持续前进。

——吴良镛

先生之风，代代传承。吴良镛的成长过程，离不开良师益友的影响。

"学莫便乎近其人。"1940 年他进入重庆中央大学建筑系后，师从我国建筑领域的先驱鲍鼎、杨廷宝、刘敦桢、徐中等诸位先生。1946年，他自云南抗日战场回到重庆，又师从梁思成先生，多得梁思成、林徽因先生等言传身教。于他而言，梁思成先生是中国建筑事业的一代大师，是清华大学建筑系的创业者，更是影响他一生的灵魂导师。1948年，吴良镛赴美求学，师从世界著名建筑大师伊里尔·沙里宁，学习建筑与城市设计。

除了"良师"，还有诸多"益友"作为榜样。如他在重庆中央大学的同学、"有限元"方法的创始人之一、数学家冯康，2007年国家最高科学技术奖获得者、植物学家吴征镒，以及多位建筑与规划专业内的同侪……他们在为学、为人、为事中给予吴良镛心灵上的感染。

关于师生关系，吴良镛执教多年，有一套自己的理解。梁思成先生曾勉励他"君子爱人以德"，他也以此要求后辈，"越是有成就的学生，做出的成绩不一定完全在'才'，还要有一定的'德'"。韩愈《师说》有云："师者，所以传道授业解惑也。"这是老师最基本的职责。同时他还有两句话未必引起人太多注意，"弟子不必不如师，师不必贤于弟子"，就是学生可以超过老师。吴良镛认为，在学生刚入学的时候，老师可以发挥比较大的作用，进行启蒙、指导与引领，若干年后，学生的学识能力不断发展，学生与老师之间便不只是师生关系，也是学术事业上的战友、同道。

在学生眼中，吴良镛拥有一种令人佩服的品质，就是他远超常人的勤奋和刻苦。他的学生回忆，有次与他一同出差调研，每次停车驻足时，他总拿出速写本，抓紧勾画几下，记录最为深刻的印象，而年轻的后生们只是原地休息或四处看看，鲜明的对比令学生无比惭愧。

在研究工作中，这种勤奋表现得更为鲜明。1999 年，国际建筑师协会第 20 届世界建筑师大会在北京召开，吴良镛被委任为大会科学委员会主席，负责起草大会文件。这一任务匆匆落在他身上，当时时间紧迫，又有其他任务，助手中只有一名学地理出身的博士研究生可以帮忙。

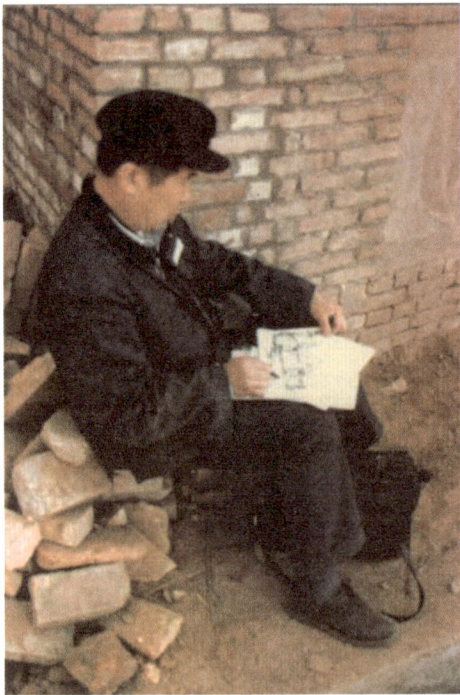

吴良镛在工地绘制建筑草图

没办法就用"笨办法"。当时的工作情况是：吴良镛每天清早将前一天晚上写好的稿件交给助手白天整理，晚上再交给他，而他则继续在深夜赶稿，如此往复，终于形成了《北京宣言》。这个文件获得咨询委员会的一致通过，并认为分量超出了"宣言"，所以被定为《北京宪章》，这也是国际建筑师协会自1948年成立至今通过的唯一的宪章。

　　良好的师生关系，就是在重大课题中合作，教学相长，成为共同战线的挚友，推动学术的发展。如今，这名曾协助过他的博士生，已经成为清华大学教授、建筑与城市研究所副所长。

　　深夜加班，是吴良镛工作的常态。在一次进行滇西北规划研究的过程中，他白天布置任务、讨论，团队抓紧工作，晚上形成草稿塞到他的门缝里，然后他清晨4点多起床，在草稿上加工，当天再布置新任务，又一次用"连轴转"的"笨办法"很快形成了研究成果。

　　然而吴良镛从不居功，经常说"我的成就来自集体的努力"，告诫学生"不因困难而挫志，不以荣誉而自满"。要立志、要选择，在选择的道路上更要

1984年，吴良镛在四川实地考察中与老乡聊天（图片来源：《良镛求索》）

吴良镛的著作（图片来源：《良镛求索》）

有不惧困难的坚持。

在他心里，对待学生要"一把钥匙开一把锁"，因材施教，方法不一，主题不一，总的精神还是共同探讨与进步。因此，他常用"同道""科学共同体"来称呼同事，用"过问"而不是"培养"来形容指导学生。

曾几何时，人居史的工作是他孤身一人的探索。改革开放后，渐渐聚集起一个小小的团队，队伍还在逐步扩大，科研的合伙人走到了一起。

如今，在他的身边，总是凝聚着一个充满干劲儿且百折不挠的科学集体——大家在一个科学志趣和学术方向的指引下，越来越激情迸发，共同努力，搜集传统文献，辅以实地考察，深入挖掘意义，集腋成裘。

## 人居之道：科学人文艺术融汇

人居建设要结合自然山川与人工聚落、要统筹大中小城市至镇村的布局形态。它不只是物质建设，也是文化建设，既要创造物质空间，也要创造精神空间，这就要求人居环境的营建要有高超的美学境界，其中蕴藏着丰富的审美文化。

——吴良镛

吴良镛的家毗邻清华园，走进去，让人不禁屏息凝神，怕扰了一屋

吴良镛美术作品

光影。

层层叠叠的文稿、画作以及他的手书——"大江东去，浪淘尽，千古风流人物"，文字撇捺、水墨浓淡，酣畅大气。这片空间，也淋漓尽致地体现了他的人居环境理念——科学、人文、艺术三者融汇。

吴良镛自幼喜爱绘画和书法，将之看作与建筑学相平行的学习和修养，并受过宗白华、傅抱石、徐悲鸿、齐白石等大家的艺术滋养。

在重庆中央大学读书的时光，让他得以浸润在艺术的殿堂。那时候的重庆中央大学是一个综合性大学，有不少知名教授，可以根据自己的兴趣去听演讲。在学校上课也是如此，对自己感兴趣的学科，想听什么听什么。

在学校，吴良镛听过顾颉刚讲的课，观赏过文

史学家、书法家胡小石每日清晨挥毫，也听过他讲
书法史、书法的要义，讲用笔、结体、布白的要诀，
这对他学习书法乃至建筑构图都有启发；他也曾听
过董作宾讲甲骨文研究，唐圭璋讲词学，孙为霆讲
曲选。

　　最令他憧憬的是艺术系，第一年名义上的系主
任是徐悲鸿，吕斯百、吴作人、傅抱石都在。那时
候傅抱石还没有盛名，但是很勤奋，三年内连开两
次画展，山水、人物、题字、篆刻都令他印象深刻。
1945 年 4—5 月，从滇西归来后，吴良镛在重庆看
了李可染的一次画展，多年后二人结识，吴良镛告
诉他早在 1945 年在重庆中央大学时就参观过他的画
展，李可染连声道："我相信你真是艺术爱好者。"

2002 年，吴良镛在
写书法

在美国读书时，吴良镛看到各种艺术家为了一个目标一起工作，创造出各种著名的公共空间，受到很大启发。导师沙里宁也曾叮嘱他："建筑是空间中的空间艺术。"

对吴良镛来说，建筑与艺术可谓两种并行的学习，从两种专业修养中受益。这些艺术和文化的熏陶、积淀也对他的学术研究产生了重要的影响。

何为明日之人居？吴良镛以数十年的思考与实践，给出了自己的答案："科学、人文、艺术的融汇就是'人居之道'。"

他认为，人居环境的美是各种艺术的美的综合集成，包括书法、文学、绘画、雕塑、工艺美术等，当然也要包括建筑。例如，室内之书画与家具陈设、厅堂之匾额、室内外之对联，乃至于庭院之藤萝花木所带来的光影变化，假山怪石的绝妙组合，变化中又有统一，空灵中又有充实，令人心醉，只有心领神会才能领略到这种综合的、流动的美感。

人居艺境：吴良镛绘画书法建筑艺术展海报（图片来源：《良镛求索》）

70岁那年，吴良镛在清华大学举办了个人画展，后来又加入全国城市雕塑建设指导委员会，80岁时出版了画集。2014年9月和11月，他先后在中国美术馆和国家博物馆举办了"人居艺境：吴良镛绘画书法建筑艺术展"与"匠人营国：吴良镛·清华大学人居科学研究展"。

# 求索不止：让人们诗意地栖居

我虽然人生九十，但仍然不懈追求，追求国家富强、社会和谐、环境健康、人民宜居。"路漫漫其修远兮，吾将上下而求索。"

——吴良镛老年自述

今天，我们正面临着一个大时代，我真诚地期望我们的这个时代能多产生这样的人物——21世纪的学术巨人，迎接中华文化的伟大复兴！这算是一个建筑学人跨越三个三十年的中国人居梦！把握建设美好人居的科学方向和社会追求，美丽人居环境与和谐社会共同缔造。

——吴良镛

拜万人师，谋万家居，是吴良镛一生心系人居的写照；志存高远，身体力行，是他一生从事科学考察的准则。

他自幼体弱，身体在青年时代就落下了病根儿，随后·直都受影响。20世纪90年代末，他率领团队进行滇西北地区人居环境的研究，当时已近80岁高龄，却不顾大家的劝阻，亲身前往海拔3400米的中甸地区调研，结果当晚就产生了严重的高原反应，被紧急送往医院。

但他坚持认为这样做是值得的，只有走到老百姓的生活里去，亲身体验了解，才能实事求是地开展科学研究、拿出对策。

2008 年，吴良镛在南京工地上超负荷工作，得病入院。这一次，他一度失去写作能力，但仍然坚持在医院开会、讨论。随后，他转入康复中心进行持之以恒的锻炼，经过一年半才幸运地有所好转，从几乎掉队的情况下重新投入工作。

百年人生，今已九十又八。

吴良镛觉得，在这人生的最后单元，"面对时代的召唤，我虽已年迈，但面对未来无限的可能性，仍然充满期待、充满激情"。

老骥伏枥，豪情未已。作为一名建筑学人，虽然年迈，他仍然心系首都、关心京津冀的发展、关心国家的未来。

行百里者半九十，有一事可以终身行之者乎？剩下的十里路，他自觉可能更艰难，于是也愈发警惕不要轻易失去这最后的"人生单元"，而是要更理智地去完成尚未完成的事。

生活中，淡泊名利、精简公共活动。知有所不为才能有所为，将时间与精力投入到可得实效的工作中。几年前，吴良镛结束了自己在清华大学长达 70 年的教学生涯。现在，偶尔参加一些与建筑相关的会议和活动，通过网络远程听报告、讨论问题，是这位"自觉尚称勤奋的老年建筑学人"的生活常态。更多的精力，他放在中国建筑发展口述历史整理工作上，由其助手辅助完成。这项工作庞大且艰巨，吴良镛家里的阿姨"做证"："吴先生每天都在看书，到了饭点都叫不过来。"

学术上，淡化学科概念，把握大方向，集中在大目标、大概念下聚焦，贵在融会贯通、以少胜多。近年来，他主持的京津冀地区城乡空间发展规划研究，在三期报告中分别提出了"世界城市""双核心""一轴三带""四网三区"等观点，主张建立城市规划领域的"科学共同体"。

思想上，向先贤、向年轻人找智慧。虽然年迈力衰，行动已经不便，但思想先行，仍可"至于道，游于艺"。他仍在思考的，还有现在城市文化建设面临的重重误区。改革开放之后，中国建筑变化越来越大，形形色色的现代建筑流派奔涌而来，"千城一面"的问题日渐突出，一些未经过消化的舶来品破坏了原有城市的文脉与肌理。虽然科技的发展、新材料和新结构的应用为建筑师们标新立异提供了可能，但片面追求表面样式的建筑是没有灵魂的，中国建筑师必须明确，建筑形式的精神要义始终根植于文化传统。他将"高山仰止，景行行止，虽不能至，心向往之"作为目标，思索没有止境。

这些工作烦琐，仍需耗费大量精力，但吴良镛不惧挑战，就像是寻到了陶渊明所描绘的桃花源的入口，"初极狭，才通人。复行数十步，豁然开朗"，只要能够对中国人居学术的发展有所促进，能对民族文化复兴有所启发，他就将继续下去。

在最美好的年华，吴良镛执着于创造美好的人居环境，让人们能够"诗意地栖居在大地上"。如今，他是一位具有人生境界的大师，在大科学、大人文、大艺术家的大世界中追求大文化，期待着早年的梦想能一一实现。

　　岁月流淌，他的眼神仍饱含着爱国的热与诚，闪烁着青春的光与明。

# 袁隆平

## 一位真正的耕耘者

文／郭爱东

# 人物小传

袁隆平，男，汉族，无党派人士，1930年9月出生，江西德安人，湖南杂交水稻研究中心原主任，湖南省政协原副主席，中国工程院院士，第六届、七届、八届、九届、十届、十一届、十二届全国政协常委。

他致力于杂交水稻研究，发明"三系法"籼型杂交水稻，成功研究出"二系法"杂交水稻，创建了超级杂交稻技术体系，使我国杂交水稻研究始终居世界领先水平。截至2017年，杂交水稻在我国已累计推广超90亿亩，共增产稻谷6000多亿公斤。多次赴印度、越南等国，传授杂交水稻技术以帮助克服粮食短缺和饥饿问题。为确保我国粮食安全和世界粮食供给做出了卓越贡献。

荣获国家最高科学技术奖、国家科学技术进步奖特等奖等多项荣誉。2018年12月，被授予"改革先锋"称号。2019年9月，被授予"共和国勋章"和"最美奋斗者"称号。

2019 年 9 月，袁隆平已年满 89 岁。

即使已近 90 岁，袁隆平依然坚持到办公室"上班"。2015 年卸任国家杂交水稻工程技术研究中心主任职务后，他仍然继续指导杂交水稻的科研工作，依然坚持每天去田野里转一转，只是他不再像以往那样下田，但他要吹一吹稻田熟悉的风，闻一闻稻花的花粉味道或稻禾的清香气息。

这位从未将自己视为专家，自称"杂交水稻研发人"的农业科学家，自从决心献身水稻研究、试验、推广种植以来，一直在为提高水稻产量而奋斗，一直在为中国人民、世界人民彻底摆脱饥饿威胁而奋进。

在 2017 年东亚海洋合作平台黄岛论坛上，袁隆平发表了题为"海洋科技与粮食安全"的主题演讲。他表示，将在 3～5 年内选育出在盐分浓度 3‰～8‰ 海水灌溉种植条件下，产量达 300 公斤 / 亩以上的耐盐碱水稻新品种。"为了使海水杂交稻能够更好地造福世界人民，我本人和本研究中心均十分乐意帮助其他国家发展杂交水稻，为保障世界粮食安全和促进世界和平做出贡献。"

当年 9 月 28 日，由袁隆平挂帅的"海水稻"项目在青岛海水稻研究发展中心的试验基地和金口镇海水稻稻作改良国家示范基地进行了实地测产。其中，编号为 YC0045 的材料亩产达 620.95 公斤，同时测产的另外 3 个材料亩产均在 400 公斤以上。

袁隆平认为："海水稻如果扩大到 1 亿亩，按最低产量亩产 300 公斤计算，每年可增产 300 亿公斤，可以多养活 8000 万人口，相当于一个湖南省的年粮食总产量。"

2018 年 5 月，袁隆平与其海水稻团队宣布，分别在新疆喀什岳普湖、黑龙江大庆、山东东营军马场、青岛城阳区、浙江温州同时进行海水稻插秧。这 5 个地方分别代表了西北的干旱半干旱盐碱地、东北的苏打冻土盐碱地、环渤海盐碱地、滨海小流域盐碱地和东南沿海新生盐碱地等类型。同时，对陕西延安南泥湾次生盐碱地和退化耕地进行稻作改良，这样就基本实现了海水稻对中国主要盐碱地类型的"全覆盖"。

这些新成绩的取得，都源于他一生对杂交水稻高产的追求。

# 小时候，母亲讲的嫘祖故事决定了袁隆平一生的志向

袁隆平祖籍江西，1930 年出生于北平。袁家早年在九江市德安县青竹畈务农，太平军战乱期间，因一笔意外之财而弃农经商，并移居德安县城。

袁隆平在家中排行老二，小名叫"二毛"，他的学名是按照袁氏族谱"大茂昌繁盛，兴隆定有期，敬承先贤业，常遇圣明时"中"隆"字排行，加上北平的"平"组成的。

他的母亲华静早年在江苏镇江教会学校读高中，毕业后就在安徽

袁隆平夫妇与母亲、岳母、妻兄及三个儿子在一起

芜湖教书。受过良好教育的母亲是那个年代少有的知识女性，知书达理，博爱贤良，她教育袁隆平"要博爱，要诚实"。母亲的教育影响了袁隆平一辈子。

母亲对袁隆平影响较大的一段日子是在湖南桃源镇。这里青山绿水，风吹稻香，风景如画，晨昏炊烟，温馨恬然，确如陶渊明笔下描述的"世外桃源"仙境。这里也是嫘祖的故乡，母亲常常给孩子们讲述嫘祖的故事："黄帝元妃嫘祖，是世界上蚕桑丝绸的伟大发明家，泽被中华，惠及全球，在中华和世界文明史上，写下了极其光辉灿烂的篇章。"这个故事在幼小的袁隆平心里扎下了根："嫘祖真了不起，我长大了也要做嫘祖这样的人。"

母亲想不到，她讲的这个故事，竟使青年袁隆平不顾她和丈夫的反对选择了农艺学。

# 青年时期，醉心于农艺

1949 年是一个新时代开启的关键年份。

就是在这一年，袁隆平进入相辉学院农艺系学习。1950 年高校院系调整的时候，相辉学院与四川大学的相关系科、四川省立教育学院的农科三系合并，组建西南农学院，农艺系也改称为农学系，校址仍在重庆北碚。

母亲的启蒙，常常让袁隆平关注农村生活。中学郊游时，参观园艺场，袁隆平就觉得非常美。看黑白电影《摩登时代》，他看到的是窗子外可以随手摘来吃的水果以及从奶牛身上直接接来喝的牛奶。他体验到的是田园之美、农艺之乐，这使他更坚定了学农的人生志向。

那时候，学农的大学生也要深入农村生活。袁隆平住在农民家，亲眼看到了农民生活的艰辛。春天辛辛苦苦种出的庄稼，到了秋天有可能颗粒无收，即便是丰收了，亩产量也很低，无法满足全家人的温饱。看到农村贫穷落后的状况，袁隆平更加坚定了用自己的所学改变中国农村面貌的决心。

袁隆平在思考如何将传统农业转变为现代农业

袁隆平之所以选择遗传育种专业，与遗传学教授管相桓有很大关系。在当时一切向苏联学习的大环境下，农学院也不例外。遗传学只能教苏联米丘林、李森科的那一套，他们的"无性杂交"学说在中国相当盛行。无性杂交就是通过嫁接和胚接等手段，将两个遗传性不同的品种的可塑性物质进行杂交，从而创造出新的品种，彻底否认"基因"的存在。任何理论都要受实践的检验，按照"无性杂交"的说法，就可以把番茄嫁接在马铃薯上，把西瓜嫁接在南瓜上，等等。就这样搞了三年，结果一事无成。

但管相桓教授却崇尚孟德尔遗传学，他坚持认为，米丘林的"环境影响"学说是"只见树木，不见森林；只见量变，不见质变，最后什么都没有"。管教授的讲授对袁隆平的启发很大。他利用大量课余时间去阅读国内外多种农业科技书刊，开阔视野。在广泛的阅读中，他了解了孟德尔、摩尔根等人遗传学观点的异同，这些都为后来袁隆平研究杂交水稻打下了坚实的基础。

# "三年自然灾害"的亲身感受，让袁隆平走上水稻研究之路

20世纪60年代，中国经历了罕见的天灾，也就是今天所说的"三

年自然灾害"。

那时候的袁隆平刚刚大学毕业，被分配到湖南省农林厅，随后又被下派到湖南湘西雪峰山脚下的安江农校任教。

为了提高学生的动手能力和操作技能，袁隆平带领学生们搞起了试验。那个时期，饥饿难受的滋味，袁隆平现在回想起来，仍觉不堪回首。面对全

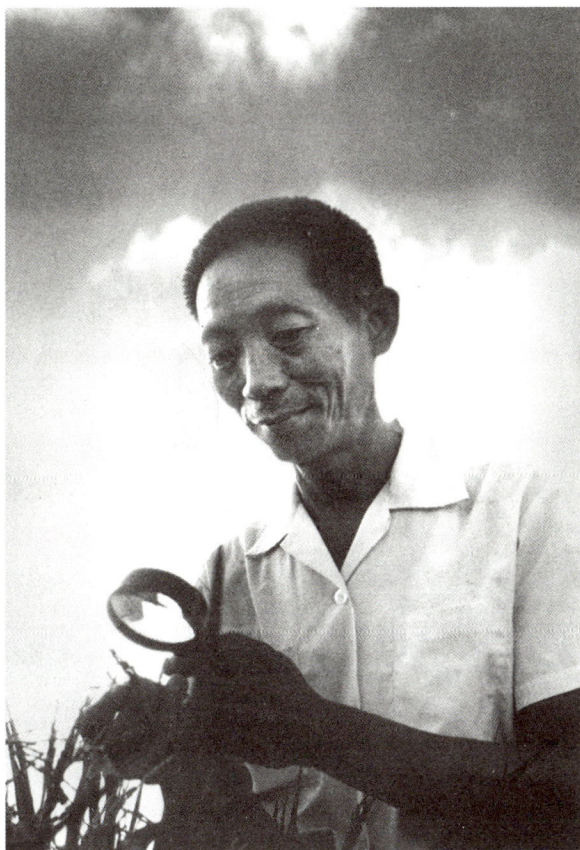

袁隆平在田间观察水稻生长情况（1976年）

国粮食大规模减产，几乎人人吃不饱的局面，作为一名农业科技工作者，袁隆平非常自责。本来就有改造农村的志向，这时就更下定了决心，一定要解决粮食增产问题，不让老百姓挨饿！

袁隆平最初研究的并不是水稻，而是小麦与红薯。但后来意识到在湖南搞小麦和红薯研究不受重视，于是在 1960 年左右，袁隆平转向水稻研究。

一开始，袁隆平所搞的是水稻种植试验，如直播试验（当时多为插秧）、密度试验等。但在与农民的密切接触中，他才体会到，水稻增产的途径有很多，其中种子的作用是最重要的。农民说过的一句话："施肥不如勤换种"，让他专注于改良水稻品种。


# 决定性的一步：
# 由水稻种植试验转向杂交水稻研究


早在 1923 年，美国科学家通过 10 年的杂交玉米试验，依靠杂交种子将玉米产量大幅度提高。后来，墨西哥农学家培育的小麦杂交品种，也取得了显著的增产效果。到 20 世纪 60 年代，世界上五大作物（水稻、小麦、玉米、油菜和棉花）中，只有水稻还没有优质、高产的杂交品种。

当时，选育良种有两个办法：一是系统选育，二是从国外引进的种子中挑选。

系统选育就是从优良的群株中选择特异的单株加以培育，最直接的办法就是到农田里去选优良单株，再优中选优。袁隆平采取的就是这样的办法。

每到水稻抽穗至成熟期间，袁隆平就顶着烈日到热气蒸腾的稻田里去选稻株。

1961 年 7 月的一天，袁隆平在农校试验田里发现了一棵"鹤立鸡群"的稻株。

第二年育种的结果，一度让袁隆平大失所望。抽穗有早有晚，植株高矮参差，1000 多株竟没有一株像它们的"老子"那样优异。

但很快，袁隆平又高兴起来。因为水稻是自花授粉植物，纯系品种是不会分离的，眼前出现的却是分离现象，为什么会这样呢？有早有晚、高矮参差，莫不是孟德尔、摩尔根遗传学所说的分离现象？如果是分离现象，那只有杂交的后代才有如此表现。同理，去年那株"鹤立鸡群"的水稻，就是一株杂交稻。由此，可否推理杂交优势不仅在异花授粉作物中存在，而且在自花授粉作物中也同样存在？

统计计算的结果，完全符合孟德尔高矮不齐分离比例为 3 : 1 的植株分离规律。沮丧为喜悦所代替，"鹤立鸡群"的那株水稻，就是一株天然的杂交稻！

通常情况下，外来花粉串粉导致的天然异交率只有 0.1% ～ 0.2%，也就是说，产生的异株极少。而不结实的"公禾"就是 $0.1\% \sim 0.2\%$ 异交率中的天然杂交株，另一种结实更强的就是"鹤立鸡群"的天然杂交株。

这说明水稻具有杂种优势！既然自然界存在自花授粉天然杂交稻，那么，应该也可以通过人工授粉的方法获得杂交优势。

1963 年，人工杂交稻试验的结果所取得的明显优势，让袁隆平萌生了培育杂交水稻的想法。

今天说起来很轻松，但在当时需要极大的勇气。因为那时的学术界主流看法认为，水稻作为自花授粉植物，是没有杂交优势的。

为什么水稻育种一直裹足不前？理论上的禁锢是一个方面。在科研实验中，水稻作为雌雄同花作物，自花授粉难以一朵一朵地去掉雄花搞杂交。这样就需要培育出一个雄花不育的稻株，即雄性不育系，然后才能与其他品种杂交。正因如此，杂交水稻研究困难重重，被称为世界性难题。

袁隆平知难而进，他认为，雄性不育系的原始亲本，应是一株自然突变的雄性不育株，也应该天然存在。中国有众多的野生稻和栽培稻品种，蕴藏着丰富的种子资源。他坚信："外国没有搞成功的，中国人不一定就不能成功！"

由发现天然杂交稻进行推想，袁隆平认为，必定存在天然的雄性不育水稻。

这只是自己的推想，还必须找到水稻杂种优势的理论依据。为

袁隆平在思考

此，袁隆平先后两次到中国农业科学院作物研究所拜访鲍文奎研究员。鲍文奎先生是遗传育种学家，中国植物多倍体遗传育种的先驱。从鲍文奎先生那里，袁隆平不仅得到"不要迷信权威，搞科研最重要的是实事求是"这样的鼓励，而且得到了在湖南无法得到的遗传育种前沿进展情况。

目标很清楚，人工培育杂交稻首先必须选育出这样一种雄性不育的特殊品种。这个品种的雄花退化，雌花却是正常的，这种现象在自然界中存在的概率是万分之一。由于它要么没有花粉，要么花粉发育不正常，因而不能起授精作用；但它的雌性器官却是正常的，只要给它授以正常花粉就能受精结实。这就是雄性不育系。

此时，自花授粉水稻的杂交优势利用技术却没有突破。杂交水稻是利用杂种优势现象，即用两个品种杂交，杂交之后，由于品种之间的遗传有差异，这个差异就产生了内部矛盾，矛盾所带来的就是优势。由于杂种优势只有杂种第一代表现最明显，以后就没有优势了，因此就需要年年生产杂交种子。最贴切的例子就是，动物界的马和驴杂交生下骡子，但骡子并不能生骡子，要得到骡子，仍然需要马和驴去杂交。要利用水稻的杂种优势，其难度就是如何年复一年地生产大量的第一代杂交种子。

水稻属自花授粉作物，颖花很小，而且一朵花只结一粒种子。少量试验还可以，要用到大田生产上几乎不可能。也正因为如此，长期以来水稻的杂种优势未能实现生产应用。

# 三系育种与推广的伟大开端

解决这个问题，最好的办法就是培育出一种特殊的雄性不育系。由于它的雄性花粉是退化的，袁隆平将之称为"母水稻"。这种水稻的雄花没有花粉，要靠外来的花粉繁殖后代。换句话说，不育系就是人工创造的一种雌水稻。有了不育系后，把它与普通水稻品种相间种植，并进行人工辅助授粉，就可以解决不需要人工去雄便能大量生产第一代杂交种子的问题。所以说，不育系是一种工具，借助这种工具可以生产大量杂交种子。

袁隆平查阅了国内外有关农作物杂种优势利用的文献，从中获悉，杂交玉米、杂交高粱的研究就是从天然的雄性不育株开始的。

借鉴玉米和高粱杂种优势利用的经验，袁隆平设想采取三系法技术路线，通过培育雄性不育系、雄性不育保持系、雄性不育恢复系，实现三系配套，以达到利用水稻杂种优势的目的。

运用三系育种法培育出的杂交稻，优势明显，

袁隆平在学习

普通水稻当时的最高亩产量是 400 公斤，杂交稻每亩可增产 20%。

这是一个好的开端，也是一次伟大实践的开端。

# 寻找天然雄性不育稻株的艰难

当时的实际情况是，这种天然雄性不育稻株，不仅袁隆平自己没有见过，就连中外文献资料中也未见任何记载。

从植物学的观点来看，花药不开裂是许多作物的雄性不孕性性状之一。因此，袁隆平就根据这个特征"按图索骥"，寻找天然的水稻雄性不育株，用以作为培育雄性不育系的材料，再用来培育杂交水稻。

1964 年夏初，在水稻开始进入抽穗扬花的季节里，袁隆平开始了寻找天然水稻雄性不育株的工作，具体讲就是到稻田里一株株地仔细寻觅。

袁隆平每天从早晨一直到傍晚，在几千几万株稻穗里寻找。那时，他赤脚行田，饥饱无常，不久就得了肠胃病。与袁隆平一起的，还有他的一位学生潘立生。他们手持放大镜，一垄垄、一行行、一穗穗，真的像大海捞针，其难度可想而知！

日复一日，没有收获，但袁隆平总是乐观地期待着明天。尽管概

袁隆平与助手在田间

率为三万分之一、五万分之一，但袁隆平坚信：只要细心找，它还是会有的。就是这种意念支撑着袁隆平，头顶着似火骄阳，行走在茫茫的稻海之中。

1964 年 7 月 5 日，袁隆平清楚地记得这个日子。那是他寻找天然雄性不育株的第 14 天，时间在午后 2 点多，一株特殊的水稻吸引了他的注意。花开了，但花药细瘦得很，里面没有花粉，退化掉了，但是它的雌蕊是正常的。这不就是退化了的雄花吗？袁隆平欣喜若狂，立刻将花药采回学校实验室做镜检，发现果真是一株花粉败育的雄性不育株！

真是功夫不负有心人，在坚持了 14 天、在放大镜下观察了 14 万株稻穗后，袁隆平终于从洞庭早籼品种中发现了第一株雄性不育株！这意味着，攻克杂交稻育种难题跨出了关键的第一步。

就这样，1964 年和 1965 年两年，袁隆平团队先后检查了几十万株稻穗，在栽培稻洞庭早籼、胜利籼、南特号和早粳 4 号 4 个品种中找到了 6 株雄性不育株。

这些植株就是袁隆平三系选育研究的起点。

1965 年秋，经过连续两年的盆栽试验，天然雄性不育株的人工杂交结实率可高达 80% 甚至 90% 以上，这说明它们的雌蕊是正常的。经杂交繁殖出来的后代，的确有一些杂交组合表现得非常好，有优势。

这使袁隆平决心更大，信心更强。

袁隆平与国际水稻专家
在田间观察杂交水稻

# 《水稻的雄性不孕性》拉开杂交水稻研究与推广的序幕

经过这样的反复试验，积累了正反两方面的经验和教训，再经过反复分析论证，1965年10月，袁隆平把初步研究结果整理撰写成论文《水稻的雄性不孕性》，投寄给《科学通报》。1966年2月28日，该论文在《科学通报》中文版第17卷第4期上正式发表；同年4月15日，经编辑部摘译的英文版在

《科学通报》外文版第 17 卷第 7 期上发表。

文中预言，通过进一步选育，可以从中获得雄性不育系、雄性不育保持系和雄性不育恢复系，实现三系配套，使利用杂交水稻第一代优势成为可能，将会给农业生产带来大面积、大幅度的增产。

这是一篇具有里程碑意义的杂交水稻研究论文。

对于他个人，袁隆平评价说："这篇文章救了我，我成了保护对象，能专心搞杂交水稻研究，9 年后获得了成功。"

# 三系杂交水稻培育闯过一道道难关

1968 年春，经过反复繁殖得到的 700 多株雄性不育秧苗被插植在学校试验田中。此后，袁隆平又将广东南海试验带回的种子种在了试验田里。可刚刚长出的嫩苗，却在 5 月 18 日夜里被人全部拔光。第四天，袁隆平只在一口井里找回 5 棵秧苗，其他的都沤烂了。

这就是"文化大革命"中的科研环境！

"袁隆平是地地道道的科技骗子""骗国家的科研经费""研究杂交水稻没有前途""雄性不育试验搞不下去了"等声音甚嚣尘上，但袁隆平和他的团队从来没有放弃。

1968 年 10 月，袁隆平带着李必湖和尹华奇两个助手，到海南陵水开展研究试验。之后，每年 10 月，袁隆平和他的团队就在湖南、云南、海南、广东和广西之间辗转奔波。他说过这样的话，一年 365 天都可以搞水稻试验，大大节约了科研时间。一连 7 年，袁隆平有 7 个春节没有在家过。

1964—1969 年，袁隆平团队用已发现的无花粉、花药退化和花粉败育 3 种栽培稻的雄性不育株，先后与近 1000 个品种和材料做了 3000 多个杂交组合试验，可结果均达不到每年 100% 保持不育。也就是说，一直都没有育成理想的不育系，相关研究进展并不大。

1969 年冬，多次的失败让袁隆平决定转移突破

袁隆平科研小组在试验田中（左为李必湖，右为尹华奇）

口：搞野生稻！从亲缘关系较远的野生稻身上或许能解决问题。这也符合遗传学关于亲缘关系远近对杂交后代影响的有关理论，亲缘越远杂交的后代越强壮，但野生稻都在更为偏远的地区，这就要付出更多的艰辛。

于是，袁隆平开始尝试用野生稻与栽培稻进行远缘杂交，通过核置换的方法，以创造新的雄性不育材料，建立新的三系关系。

1970年4月的野栽杂交试验，因为没有对野生稻进行短光处理（对感光性较强的品种进行短期定周期诱导处理，能促进发育，提早开花日期）而没能成功。

同年6月，在湖南省革命委员会主要负责人华国锋的支持下，杂交水稻研究被列为全省协作项目。

也就是在这个时候，袁隆平决定去海南岛寻找野生稻。正是在海南三亚，李必湖与当地的农场技术员冯克珊，发现了后来被袁隆平命名的"野败"。之所以叫"野败"，是因为野生稻具有花粉败育特征。

"野败"的发现，具有极为关键的意义。因为"野败"的雄性不育能够稳定保持，获得的几万株雄性不育株100%遗传，其后代每代都是雄性不育株，这为杂交稻研究的成功打开了突破口。

可是，在栽培品种中却没有获得理想的不育系和保持系。

"野败"不育株除不育性状外，其他性状基本上与普通野生稻相同，在生产上没有直接利用的价值，必须对"野败"进行转育，才能把"野败"的不育基因转入栽培稻，进而培育出生产上所需要的不育

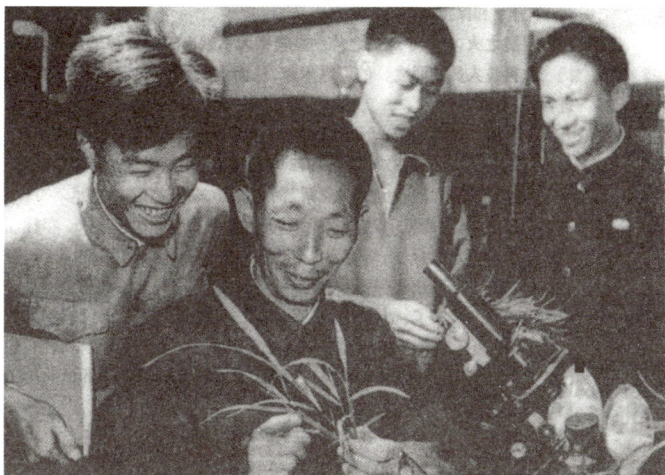

袁隆平与学生一起考察
杂交水稻秧苗素质

系种子。

1971 年，杂交水稻协作组成立，形成了杂交水稻试验全国一盘棋的初步格局。

1971—1972 年，全国在雄性不育系选育工作方面，转入以培育质核互作型不育系为主，特别是利用野生稻与栽培稻杂交获得雄性不育系，以期实现三系配套。

全国协作很快改变了杂交水稻培育的困境。袁隆平团队用"野败"与不同的籼稻、粳稻杂交，育成了我国第一个水稻雄性不育系"二九南 1 号 A"及其相应的保持系"二九南 1 号 B"。

在此期间，江西、福建、北京、新疆、广西等地也都获得性状一致、不育株率和不育度达 100% 的群株。我国第一批"野败"细胞质骨干不育系和相应的保持系宣告育成。

1972年冬，三系选育的重点转入恢复系选育。

1973年，全国杂交水稻研究协作组从东南亚的一些品种中测得了具有较强恢复力和较强优势的恢复系。

攻破三系配套关之后，就是优势组合关。选择亲缘关系较远、优良性状互补、亲本之一是高产品种的恢复系与不育系杂交，可以选育出营养生长优势和生殖生长优势都强的优良组合。

在三系配套成功，有了强优势的组合之后，又闯过了制种这一关。

杂交晚稻试验成功
（1976年，安江农校）

袁隆平用"二九南 1 号 A"与恢复系 IR24 配组，育成了"南优2 号"。"南优 2 号"在同等条件下试种，多地每亩增产稻谷 50 ～ 100公斤，比当地优良品种增产 20% 左右。

到 1975 年，全国已有"南优""矮优""威优""汕优"等系列的强优势籼型杂交水稻组合。我国成为世界上第一个利用杂种优势、大规模种植杂交水稻的国家。

1977 年，袁隆平在《中国农业科学》上发表《杂交水稻培育的实践和理论》与《杂交水稻制种与高产的关键技术》两篇论文。

杂交水稻从此以世界良种推广史上前所未有的发展态势在中国大地上迅速推开。1975 年南方省（区）种植面积是 370 多公顷，1976 年则一下子跃升到 13.87 万公顷，继而于 1977 年迅猛扩大到 210 万公顷，到 1991 年已达到 1760 万公顷。截至 2006 年，杂交水稻在我国已累计推广 3.76 亿公顷，共增产稻谷 5200 多亿公斤。

# 不停步进军超级稻，从中国走向世界

基本解决了中国人民的吃饭问题，自己的事业也达到前无古人的高度，可袁隆平并没有停下脚步，而是把目光投向了更远的地方。

1980 年，世界性的灾荒来临时，刚过知天命之年的袁隆平决定再

袁隆平与农民
交谈杂交水稻
种植生产情况

次扬起理想的风帆：通过技术创新，亲手培育出一种增产潜力更大、稻米品质更优（主要是好吃）的新型杂交水稻，即超级杂交稻，并将超级杂交稻推广到全世界，造福全人类。

也是在 1980 年，日本农业部门制定的水稻超高产育种计划，提出在 15 年内育成比原有品种增产 50% 的超高产品种，即到 1995 年要使稻谷亩产量达到 625 ～ 812.5 公斤。

1989 年，菲律宾国际水稻研究所也提出了一个"超级稻"计划，后改称为"新株型稻"育种计划：到 2005 年，育成单产潜力比现有纯系品种高 20% ～ 25% 的超级稻，即生育期为 120 天的新株型超级稻，其产量潜力应达 12 吨 / 公顷，合计亩产量为 800 公斤。

1996 年，农业部正式立项提出了中国超级稻育种计划：到 2005 年，杂交水稻亩产量达到 750 ～ 800 公斤，增产 30% 以上。

可见，在那个时候，培育超级稻已成为水稻科研领先国家的共识。

而早在 1985 年，袁隆平就发表了《杂交水稻超高产育种》一文，首次提出中国杂交水稻超高产育种的目标：争取在 1990 年达到早稻每亩日产（国际通行标准：以全生育期日平均计算。全生育期是指从育苗开始一直到收获结束）5.5 公斤，晚稻每亩日产 6 公斤。

1997 年，参照农业部拟定的产量标准，袁隆平提出了新的杂交水稻育种理论设计方案：在产量指标上，到 2005 年前达到每公顷日产稻谷 100 公斤；在品质上，要达到国家二级优质米标准；在抗病虫害上，要抗 2 种以上水稻病虫害。

袁隆平提出的是库大源足，以增源为核心，选育叶片长、直、窄、凹、厚，冠层高而重心低的超级稻优良株叶形态模式。其技术路线可以归结为"三个利用"：利用亚种间杂种优势，利用野生稻中的增产基因，利用新株型超级稻配组。这里的"库"是指水稻的穗，因为稻穗就如一个储藏库；这里的"源"是指利用光合作用，通过叶片供给生长源泉。

袁隆平提出的株叶形态模式和技术路线，是在日本的超级稻育种计划宣告延期 10 年，菲律宾国际水稻研究所新株型水稻育种计划遭受挫折后提出的。

试验样本培矮 64S/E32 在江苏小面积试栽，理论亩产量为 930 公斤，实际亩产量也可以达到 858 公斤，稻米质量也达到了国家二级米标准。

2000 年 3 月 31 日，在马尼拉召开的国际水稻学术大会上，袁隆平报告了中国超级杂交水稻的大面积试种结果。中国超级杂交稻已在大面积试种中遥遥领先于日本与菲律宾。

2000 年 9 月，科技部、农业部联合组织在湖南省郴州市和龙山县对超级杂交稻首期目标进行了验收，第一批超级杂交多稻种组合大面积扩种成功。

达到或超过每公顷日产稻谷 100 公斤的第二期目标试验，在 2001年获得成功。

2002 年，超级杂交稻已有 6 个超级稻新种组合，试验亩产量超过800 公斤，5 个种植片区通过了农业部组织的专家组验收，提前一年实现超级杂交稻的第二期目标。

2012 年 9 月，超级杂交稻第三期大面积亩产量 900 公斤攻关圆满实现。

2014 年 3 月，第四阶段超级稻育种计划开始执行，单产目标是每公顷 15 吨。

20 世纪 80 年代至今，袁隆平和他的团队通过开办杂交水稻技术培训国际班，已经为近 80 个发展中国家培训了 14000 多名杂交水稻技

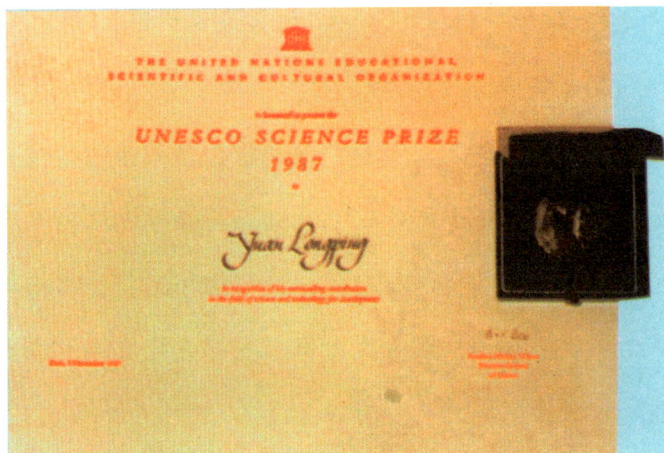

袁隆平获联合国
教科文组织科学奖

术人才。全球有 40 多个国家和地区实现了杂交水稻的大面积种植，每年种植面积达到 700 万公顷，普遍比当地水稻增产 20% 以上。

他一直拳拳于心的两个愿望如今都已实现：一是到 2010 年，第三期超级稻要实现实验田亩产量 900 公斤的目标；二是把杂交水稻推向全世界。

## 年近九十启动"中华拓荒计划"，"海水稻"领先于世界

水稻是世界上一半以上人口的主粮。全球人口

到 2050 年预计将达到 100 亿，稻米生产力需要跟上全球人口增长的步伐，才能保证人们免遭饥饿。在如今土壤消耗、水分流失以及不断变化的气候条件下，人们面临的最大挑战是如何进一步提高水稻生产力，同时，保证这种生产活动的可持续性。从技术上讲，实现这一目标主要依赖于改良水稻品种以及与之相适应的水稻种植技术。中国作为最大的水稻消费国和生产国，在过去几十年里建立起了较为完善的水稻育种体系。

随着耕地越来越少，人们渐渐地希望能在海上播种水稻。然而，即便 2000 年之后细胞工程和基因工程法被应用于水稻耐盐性研究之中，培育出来的水稻仍不足以在海水中直接生长。

科学永无止境，已近 90 岁高龄的袁隆平带领他的团队又攻入海水稻这个领域。

2012 年，海水稻研究成为袁隆平的工作重点之一。所谓"海水稻"，学术上称作"耐盐碱水稻"。袁隆平希望通过耐盐碱杂交水稻的研发和推广，让盐碱地像普通耕地那样造福人类。他把海水稻技术的突破和创新称为"拓荒人精神"。他的一生何尝不是时时在拓荒中？

袁隆平将"海水稻"称为了不起的工程，源于我国耕地面积有 18 亿亩，另外还有十几亿亩的盐碱地。其中，能够种水稻的、被水淹的盐碱地有近 2 亿亩。在袁隆平看来，如果海水稻研究成功，我国至少可以增加 1 亿亩耕地，按最低亩产 300 公斤计算，可以增产 300 亿公斤稻谷，相当于湖南省全年的粮食总产量，可以多养活 1 亿人。

2018 年，袁隆平团队在七八个点开展了海水稻试验，每个点少则几亩，多则百亩。试验面积之所以这么小，主要是没有那么多新种子。能抗盐碱的老品种不是没有，只是产量都不高。国外现在搞的海水稻，种子都是常规稻，袁隆平团队试种的则是杂交稻。

2018 年 5 月，袁隆平海水稻科研团队正式启动"中华拓荒计划"。袁隆平的目标是，用 8 年时间推广 1 亿亩海水稻。

袁隆平团队培育出的海水稻，乃是在"含盐 0.6% 的咸水"中生长。咸水是依靠人工用海水和淡水混合调制而成的，而不是直接在海水里种水稻。

多年之前，美国圆环种子公司的总经理威尔其曾对袁隆平说过："你如今已是功成名就，应该可以建一所'王府'，好好享受一番了！"美国商界巨子哈默博士也表示过：袁先生的科学发明及其新创财富，足可成为第二个"洛克菲勒"了！然而，永远心系人民的科学家，至今仍然服膺着"苟利国家，不求富贵"的人生信条，从当年湘西沅水河畔那座叫作"圣觉寺"的古庙修建而成的农校简陋宿舍里一路走来的袁隆平，已习惯于简单朴素的生活，以便全身心地去追逐那个给人类带去福音的梦想……

就如他自己平静坦言的："袁隆平一门心思研究水稻，研究杂交稻、超级杂交水稻的动机和目的很简单，就是让更多的人吃饱饭。袁隆平出了点儿名后，国际上有多家机构都高薪聘请袁隆平出国工作，但袁隆平都婉言谢绝了。袁隆平的根在中国。""袁隆平离不开生养袁隆平的这块土地和这里的人民。至于名和利都是包袱，袁隆平只坚持做自己想要做的事。"

2001 年 2 月 19 日，袁隆平获得首届国家最高科学技术奖。

在过往的艰难岁月中，袁隆平深味过由于资金匮乏给他和他的弟子们的研究带来的"捉襟见肘"，他多么希望今天的年青一代能够站在他的肩膀上，无论从事科研，还是工作生活，都能应付自如，轻装起飞！所以，他将自己获得的大部分奖金都捐了出去。


# 萦绕心头的一个遗憾与两个愿望


经过 9 年攻关，两系法杂交稻于 1995 年获得成功。

但是，一系法远缘杂种优势利用研究进展缓慢。袁隆平没有停止过对于一系法固定杂种优势途径的探索，他认为培育水稻无融合生殖系最有前途。从生物技术的发展来看，利用无融合生殖材料固定水稻杂种优势，实现一系法杂种优势利用的战略设想并非没有可能。袁隆平指出了方向，但需要新的理论突破，需要新的技术手段，不知道在其有生之年能否弥补这个遗憾。

和杂交水稻打了一辈子交道的袁隆平，一直有两个梦想：一个是让杂交水稻覆盖全球，另一个是"禾下乘凉梦"。他曾梦见试验田里的超级杂交水稻长得比高粱还高，穗子有扫帚那么大，谷粒有花生米那么大，他和助手们坐在瀑布般的稻穗下乘凉。常言说：日有所思，夜有所梦。这两个梦想不过是他心心念念的映照。

在他看来，两个梦想都是奋力追求的目标，很难说哪个更近，哪个更远。

为增加杂交水稻产量，袁隆平一直致力于改善杂交水稻品种，他说过，增产是没有尽头的！

# 屠呦呦

## 青蒿一束展素心

文 / 赵永新

# 人物小传

屠呦呦，女，汉族，中共党员，1930年12月出生，浙江宁波人，中国中医科学院青蒿素研究中心主任。

她致力于中医研究实践，带领团队攻坚克难，研究发现了青蒿素，为人类带来了一种全新结构的抗疟新药，解决了长期困扰的抗疟治疗失效难题，标志着人类抗疟步入新纪元。以双氢青蒿素、青蒿琥酯等衍生物为基础的联合用药疗法（ACT）是国际抗疟第一用药，挽救了全球特别是发展中国家数百万人的生命，产生了巨大的经济社会效益，为中医药科技创新和人类健康事业做出了重要贡献。

荣获诺贝尔生理学或医学奖、国家最高科学技术奖。2018年12月，被授予"改革先锋"称号。2019年9月，被授予"共和国勋章"和"最美奋斗者"称号。

屠呦呦不仅是迄今为止中国本土唯一荣获诺贝尔科学奖的科学家，而且也是一位特立独行、"有脾气"的科学家。

英国广播公司（BBC）在给她拍摄的新闻短片中称：屠呦呦"无疑是有史以来最伟大的科学家之一"，并把她与居里夫人、爱因斯坦和数学家图灵并列为 20 世纪的 4 位"传奇科学家"。

尽管时代不同、经历不同、所从事的研究领域不同，但这四位传奇科学家身上有着共同的伟大品质：具有探索未知世界的勇气，能够打破常规进行思考，勇敢面对人生的逆境。

## 既然国家把任务交给她，就一定要 把这个事情做好

1969 年 1 月底，39 岁的研究实习员屠呦呦，忽然接到一项秘密任务：以课题组组长的身份，研发抗疟疾的中草药。

疟疾，中国民间俗称"打摆子"，是由疟原虫侵入人体后引发的一种恶性疾病，已经在全球肆虐了几千年，患者得病后高烧不退、浑身发抖，重者几天内就会死亡。19 世纪，法国化学家从金鸡纳树皮中分离出有效的抗疟成分——奎宁；第二次世界大战期间，科学家又发明了奎宁衍生物——氯喹，并成为治疗疟疾的特效药。但到 20 世纪

60 年代，疟原虫对氯喹产生了耐药性，疟疾再次在东南亚爆发。在越南战争中，疟疾成为比子弹、炸弹更可怕的敌人，严重影响了美越双方的部队战斗力。美国为此专门成立了疟疾委员会，投入大量人力物力研究新型的抗疟药物。到 1972 年，美国筛选了 21.4 万种化合物，但都无果而终。

应越南的请求，在毛泽东、周恩来的指示下，中国从 1964 年起开始抗疟药研究。1967 年 5 月 23 日，国家科学技术委员会和解放军原总后勤部在北京召开"抗疟防治药物研究工作协作会议"，代号为"523"项目的大规模药物筛选、研究在全国 7 省市展开。截至 1968 年，多家参与研究的科研机构筛选了万余种化合物和中草药，均未取得理想结果。在

1952 年，佩戴
"北京大学"校徽
的屠呦呦

这种情况下，1969 年 1 月 21 日，中医研究院受命加入"523"项目。

她的同事、曾任中药研究所所长的姜廷良研究员说，当时正值"文化大革命"期间，年老的专家"靠边站"，大学时学习生药学、毕业后又脱产学习过两年中医、科研功力扎实的屠呦呦，遂被委以重任。

"屠呦呦的责任感很强，她认为既然国家把任务

1955 年，屠呦呦进入中国中医科学院中药研究所实验室工作

交给她，就要努力工作，一定要把这个事情做好。"据屠呦呦的同事、中药研究所廖福龙研究员介绍，由于屠呦呦的丈夫李廷钊被下放、两个孩子无人照看，她就把 4 岁的大女儿送到托儿所全托班，小女儿送回宁波老家由老人照顾，自己则全身心投入抗疟中草药的研发。

# "重新埋下头去，看医书！"

最初，课题组只有屠呦呦一个人。阅读大量历代中医典籍、查阅群众献方、请教老中医专家……她用 3 个月时间，收集了包括植物药、动物药、矿物药在内的 2000 多个方药，并在此基础上编辑成包含 640 个方药在内的《疟疾单秘验方集》，送交"523"项目办公室。

此后，屠呦呦以常山、胡椒、青蒿等为主要对象，进行重点研究。截至 1971 年 9 月初，她和同事对包括青蒿在内的 100 多种中药水煎煮提物和 200 余个醇提物样品进行了各种实验，但结果都令人沮丧：对疟原虫抑制率最高的只有 40% 左右。

"重新埋下头去，看医书！"脾气倔强的屠呦呦又开始用心阅读古代中医典籍，从中寻找灵感。一天，她在阅读东晋葛洪《肘后备急方》时，其中的一段话令她醍醐灌顶："青蒿一握，以水二升渍，绞取汁，尽服之。"

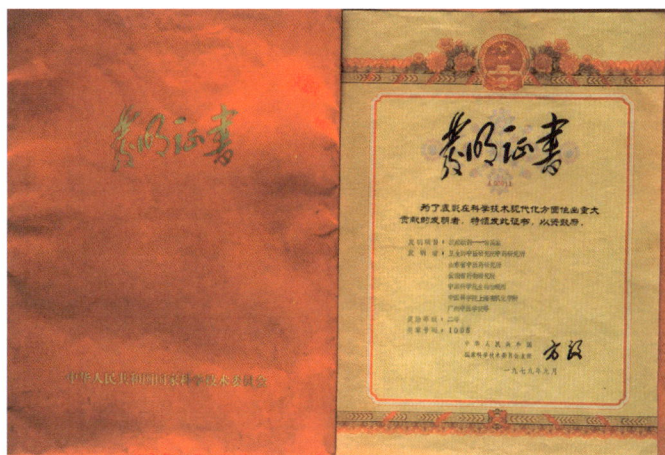

1979 年 9 月，抗疟新药——青蒿素获国家科学技术奖二等奖

屠呦呦意识到：温度是提取抗疟中草药有效成分的关键！经过周密思考，屠呦呦重新设计了新的提取方案，从 1971 年 9 月起对既往筛选过的重点药物及几十种后补药物，夜以继日地进行实验，结果证明：青蒿乙醚提取物去掉酸性部分，剩下的中性部分抗疟效果最好。

1971 年 10 月 4 日，在历经多次实验失败后，"幸福终于来敲门"：191 号青蒿乙醚中性提取物对鼠疟原虫的抑制率达到 100%！

# "我是组长，
# 我有责任第一个试药！"

"获得有效样品只是第一步，要应用还必须先进行临床试验，这就需要大量的青蒿乙醚提取物。"姜廷良回忆说，当时找不到能配合的药厂，课题组只好"土法上马"：用7个大水缸作为提取容器，里面装满乙醚，把青蒿浸泡在里面提取试验样品。

"乙醚等有机溶剂是有害化学品，当时实验室和过道里都弥漫着刺鼻的乙醚味道。"姜廷良说，当时设备设施简陋，没有排风系统，更没有防护用品，大家顶多带个纱布口罩。

在这样的环境中日复一日地工作，科研人员除了头晕、眼胀，还出现鼻子流血、皮肤过敏等症状，但没有一个人叫苦叫累。

在进行临床前试验时，个别动物的病理切片中发现了疑似毒副作用。到底是动物本身存在问题，还是药物所致？搞毒理、药理实验的同事坚持认为：只有进行后续动物试验、确保安全后才能上临床。

为了不错过当年的临床观察季节，屠呦呦向领导提交了志愿试药报告，并郑重提出："我是组长，我有责任第一个试药！"

　　1972 年 7 月，屠呦呦等 3 名科研人员一起住进北京东直门医院，成为首批人体试验的"小白鼠"。经过一周的试药观察，未发现该提取物对人体有明显毒副作用。

　　当年 8—10 月，屠呦呦亲自带上样品，赶赴海南省昌江县疟疾高发区，顶着烈日跋山涉水，在患者身上试验，完成了 21 例临床抗疟疗效观察，其效

青蒿、青蒿素及青蒿素制品

果令人满意。

此后，课题组再接再厉：1972 年 11 月获得青蒿素晶体，1973 年上半年完成了系列安全性试验，当年秋天用青蒿素胶囊在海南省进行了首次临床试用；与中国科学院生物物理研究所、中国科学院上海有机化学研究所等单位合作，在 1975 年年底测定了青蒿素的化学立体结构。结果表明，青蒿素是一种不

1982 年 10 月，屠呦呦参加全国科技奖励大会并领取发明证书及奖状

含氮、结构完全不同于氯喹的全新药物！

1977 年，经卫生部（今国家卫生健康委员会，简称"卫健委"）同意，研究论文以"青蒿素结构研究协作组"的名义在《科学通报》上发表，首次向全球报告了这一重大原创成果。1986 年 10 月，青蒿素获得卫生部颁发的新药证书。

不仅如此，1973 年 9 月，屠呦呦课题组还首次发现了疗效更高的双氢青蒿素。1992 年，她历时多年主持研发的青蒿素类新药——双氢青蒿素片获得新药证书，并转让投产。该研发项目当年被评为"全国十大科技成就"之一，是屠呦呦对中国乃至世界做出的又一重要贡献。

# "这不仅是授予我个人的荣誉"

2000 年以来，世界卫生组织把青蒿素类药物作为首选抗疟药物，并在全球推广。"2005 年，全球青蒿素类药物采购量达到 1100 万人份，2014 年为 3.37 亿人份。"姜廷良介绍说，世界卫生组织《疟疾实况报道》显示，2000—2015 年，全球各年龄组危险人群中疟疾死亡率下降了 60%，5 岁以下儿童死亡率下降了 65%。"复方青蒿素作为主导药物，起了相当大的作用。"

青蒿素在国际上被誉为"东方神药"，名副其实。

屠呦呦领取拉斯克奖

　　实至名归的，还有屠呦呦荣获的两个国际大奖：2011 年拉斯克临床医学研究奖（简称"拉斯克奖"）和 2015 年诺贝尔生理学或医学奖。这两项大奖，均为中国本土科学家"零的突破"。

　　"在人类的药物史上，如此一项能缓解数亿人疼痛和压力，并挽救上百个国家数百万人生命的发现的机会并不常有。"拉斯克奖评委、斯坦福大学教授露西·夏皮罗这样评价青蒿素。

　　"屠呦呦是第一个证实青蒿素可以在动物体内和人体内有效抵抗疟疾的科学家。她的研发对人类的生命健康贡献突出，为科研人员打开了一扇崭新的窗户。"诺贝尔生理学或医学奖评委让·安德森如此评价屠呦呦的贡献。

屠呦呦（前排中）与
2011年拉斯克奖评委
和获奖人员合影

对于这两个全球瞩目的国际大奖，屠呦呦本人的反应如何？

对于拉斯克奖，她说："这是中医中药走向世界的一项荣誉。它属于科研团队中的每一个人，属于中国科学家群体。"

对于诺贝尔奖，她说："这不仅是授予我个人的荣誉，也是对全体中国科学家团队的嘉奖和鼓励。"

"当我在台下听到这句话时，特别感动！"陪同屠呦呦到斯德哥尔摩领奖的中国中医科学院院长张伯礼回忆说，"虽然青蒿素是特殊时期团队协作的结果，但屠呦呦的发现起到了非常关键的作用。在过去很长一段时期，我们强调集体，忽视了对科学家首创贡献的认可。"

2015 年 12 月 10 日，在瑞典首都斯德哥尔摩音乐厅举行的 2015 年诺贝尔奖颁奖仪式上，屠呦呦领取诺贝尔生理学或医学奖

　　"其实这两个大奖都是主动找上门来的。"廖福龙说，"对于名利她真的是非常淡泊，只要自己的研究得到认可，她就很满足。对于国际奖项，她更看重的是'为国争光'。"

　　国家中医药管理局科技司司长曹洪欣曾于 2003—2011 年担任中国中医科学院院长，他说了这样一件事："2009 年中国中医科学院推荐屠呦呦参评第三届唐氏中药发展奖，她听说后直接打电话给我表示拒绝：

诺贝尔奖证书

诺贝尔奖奖章

'我这么大岁数了给我干吗？不要推荐我！'"

　　屠呦呦获得的诺贝尔奖奖金为 46 万美元，折合成人民币是 300 多万元。据张伯礼介绍，屠呦呦将其中的 200 万元分别捐给北京大学医学部和中国中医科学院，设立了屠呦呦创新基金；其余的钱则用于支付她和同事、家人到瑞典领奖时的相关费用。

2015 年 12 月，屠呦呦在瑞典首都斯德哥尔摩发表演讲

# 远离聚光灯

每年的国家最高科学技术奖正式颁奖之前，负责评审具体事宜的国家科技奖励办公室，都会提前几天组织《人民日报》、新华社、中央电视台等中央媒体的记者，对国家最高科学技术奖得主进行集体采访。

这次也不例外。2017 年 1 月 4 日上午，国家科技奖励办公室组织 10 多位中央媒体记者，在国家中医药管理局（屠呦呦参评的推荐单位）一楼的贵宾会议室，准备集体采访屠呦呦。

结果，携带长枪短炮、录音笔、笔记本以及精心准备的采访提纲，满怀期待、乘兴而去的记者们，被老太太"放鸽子"了。

国家科技奖励办公室负责人对满脸失望的记者们说："实在抱歉，屠呦呦先生因为'身体欠佳'不能到场，由她的几位同事接受大家采访。"

所谓"身体欠佳"，可能只是借口罢了。就在 2016 年 12 月 25 日，北京大学校友、中国科学技术协会名誉主席韩启德和北京大学党委书记郝平一行，还到屠呦呦家给她提前庆祝生辰。从北京大学网站上刊发的几张照片看，老太太虽然说不上"鹤发童颜、精神矍铄"，但也是行动自如、气色不错，又签名又合影，身体"杠杠的"。

其实，这不是屠呦呦第一次"婉拒"媒体采访。

2011 年，屠呦呦荣获拉斯克奖，这是该奖设立 65 年来首次授予中国科学家。要知道，拉斯克奖素有"诺贝尔奖风向标"之称，获得该奖的多位科学家后来都成为诺贝尔奖得主。所以，屠呦呦获奖的消息公布后，国内一方面欢欣鼓舞，另一方面也是争议四起，特别是一些参加过"523"项目的人，更是愤愤不平：发现青蒿素是一项集体成果，数十家科研单位、近千名科研人员参与其中，为什么拉斯克奖只颁给屠呦呦一个人？

面对波涛汹涌的质疑，换了别人肯定要开个新闻发布会什么的"解疑释惑""澄清是非"，但屠呦呦出奇的淡定，"躲进小楼成一统，管他冬夏与春秋"。

更惨的是 2015 年 10 月 5 日，屠呦呦获诺贝尔奖的消息传开后，各路记者蜂拥而至（有的还是从外地"打飞的"赶到北京的），在她家门口苦苦守候，结果老太太硬是一个也没见。


# "我不习惯场面上的事儿"


2016 年 1 月 4 日，为奖励我国著名科学家的杰出成就，经中国科学院国家天文台提议、国际天文学联合会批准，有关部门在北京钓鱼台国宾馆举办了一个"永久性小行星命名"活动。小行星是各类天体中唯一可以根据发现者意愿进行提名并得到国际命名的天体，其命名是世界公认的记载褒奖杰出人士的一种方式——能以自己的名字命名苍穹中的一颗小行星，无疑是莫大的荣光。

获得此次"永久性小行星命名"的，共有 5 位科学家，除了屠呦呦，其余 4 位都是历年国家最高科学技术奖获得者（谢家麟、吴良镛、郑哲敏、张存浩），年龄与屠呦呦不相上下。结果，其他 4 位科学家都去了，唯独她以"身体不适"为由请假了。

# 工作就是她的爱好

"屠呦呦性格的倔强、对工作的执着，谁也改变不了。"曹洪欣笑着说，"我曾多次陪有关领导给她拜年，领导都会问她生活上有没有困难，她从来没提过什么困难，但一说到青蒿素，她眼睛就发亮，而且直言不讳。比如，她多次跟我讲：要未雨绸缪，关注青蒿素的耐药性研究，否则迟早要出问题。"

"工作就是她的爱好，或者说她的工作跟生活是一体的。"1995 年加入屠呦呦团队的杨岚研究员说，"我觉得她整天想的就是青蒿素，怎么把它继续做下去、让它的作用发挥到极致。"

据介绍，近些年来屠呦呦一直关注青蒿素"老药新用"的问题——研发可能的适应证药物。可喜的是，青蒿素治疗红斑狼疮药物的动物试验疗效不错，已经获得临床批件。

荣获国际大奖后，屠呦呦的生活发生了哪些改变？

"据我了解，没有什么改变。"廖福龙说，"如果说有改变，就是家里的电话多了，她有点不适应。包括媒体采访，她基本谢绝，希望外界不要打扰她的生活，让她能安安静静地做自己的事。"

# 88 岁高龄，研究再获新进展

尽管青蒿素治愈了无数疟疾患者，但这并不意味着人类对付疟疾可以一劳永逸。在 2015 年诺贝尔生理学或医学奖得主的新闻发布会上，屠呦呦就曾指出："青蒿素一旦产生耐药性，就需要再花 10 年时间研究新药。"

她的担忧不无道理。世界卫生组织发布的《2018 年世界疟疾报告》显示，全球疟疾防治进展陷入停滞，疟疾仍是世界上最主要的致死病因之一。除了经费不足等因素，疟原虫对青蒿素类抗疟药物产生抗药性也是不容忽视的巨大挑战。

荣获国际大奖后，屠呦呦一如既往、深居简出，带领团队继续在青蒿素的研究道路上默默前行。2019 年 4 月 25 日是第 12 个世界防治疟疾日，国际权威期刊《新英格兰医学杂志》发表了他们的最新研究成果：一方面，短期内很难研制出药效、安全性、耐药风险及药品价格等方面优于青蒿素的下一代抗疟药；另一方面，目前青蒿素耐药仅表现为寄生虫清除延迟，并未发现完全耐药的证据。基于这两个判断，屠呦呦团队提出了新的治疗方案：一是适当延长用药时间；二是更换青蒿素联合疗法中已产生抗药性的辅助药物。

"青蒿素仍然是人类目前治愈疟疾的唯一选择。"文章认为，在临床中优化用药方案并用好青蒿素，完全有希望控制好现有的青蒿素耐药现象。

不仅如此，2019 年 6 月，媒体还报道了屠呦呦团队的另一项研究进展：用青蒿素治疗红斑狼疮，一期临床试验结果令人"审慎乐观"。

抗击疾病是人类必须面对的永恒之战。衷心期待屠呦呦的研究进展顺利，再奏凯歌！

# 程开甲

## 一片赤诚 一生奉献

文/詹 媛

# 人|物|小|传

程开甲，男，汉族，中共党员、九三学社社员，1918 年 8 月出生，2018 年 11 月去世，江苏苏州人，原国防科工委科技委常任委员，原总装备部科技委顾问。

他隐姓埋名 40 年，一生为国铸核盾，先后参与和主持首次原子弹、氢弹试验，以及"两弹"结合飞行试验等多次核试验，为建立中国特色核试验科学技术体系做出了杰出贡献。他是"两弹一星"元勋，为锻造改革开放安全屏障、推进科技强国事业做出了重大贡献，是以身许党许国的时代楷模。

荣获"八一勋章""两弹一星"功勋奖章和国家最高科学技术奖。2018 年 12 月，被追授"改革先锋"称号。2019 年 9 月，被追授"人民科学家"国家荣誉称号。

　　这里是 1964 年 10 月 16 日的罗布泊，清晨时分，程开甲急切地走出帐篷，抬头观测天气，看到碧空如洗，他心里轻松许多。数小时之后，一声惊雷响起，蘑菇云腾空而起，中国第一颗原子弹爆炸成功了！这就是那件让程开甲夙兴夜寐的大事，他喜极而泣。

　　时光荏苒，50 年后，96 岁的程开甲作为中国核武器事业开拓者和中国核试验科学技术体系创建者之一，手捧国家最高科学技术奖的证书，站在了人民大会堂大礼堂主席台中央，回首当年那一声惊雷，这位将毕生心血献给国家和人民的核武器事业的科学家，不负此生。

## "这一声巨响，不但让世界重新认识了中国，而且让所有的炎黄子孙扬眉吐气"

　　不大能喝酒的程开甲，干了一碗酒，足足有半斤。张蕴钰看着他说："这一回，你是张飞的胡子——满脸，满脸呀！"这是程开甲对 1964 年我国第一颗原子弹爆炸成功，在基地的帐篷里举行庆功宴的回忆。而罗布泊上的"这一声巨响，不但让世界重新认识了中国，而且让所有的炎黄子孙扬眉吐气"。多年后，程开甲回忆起这段往事，仍然难掩激动的心情。

　　在第一颗原子弹研制和试验过程中，他作为第二机械工业部核武器研究所副所长，不仅第一个采用合理的 TFD 模型估算出原子弹爆炸时弹心的压力和温度，为原子弹的总体力学计算提供了依据，而且作为我国核试验技术总负责人，主持设计了第一颗原子弹百米高塔爆炸方案，并带领团队研制了 1700 多台（套）仪器，实现在我国首次核试验中 97% 的测试仪器记录数据完整、准确。

风沙漫漫的罗布泊，无数个不眠不休的日夜，程开甲的身影投射在帐篷上，沉思、演算。最终，他的心血汇入了这一声巨响。

但这并不是结束，此后，他又投入了氢弹、地下核试验等无数次试验中，为我国的核试验事业贡献了自己的一生。

1966 年 12 月，首次氢弹原理性试验成功，程开甲提出塔基若干米半径范围地面用水泥加固，减少尘土卷入，效果很好。1967 年 6 月，第一颗空投氢弹试验成功，他提出改变投弹飞机的飞行方向，保证了投弹飞机的安全。1969 年 9 月，首次平洞地下核试验成功，他设计的回填堵塞方案，实现了"自封"，确保了试验工程安全。1978 年 10 月，首次竖井地下核试验成功，他研究设计的试验方案获得成功……

从 1963 年第一次踏入号称"死亡之海"的罗布泊，到回北京定居，程开甲在茫茫戈壁工作生活了 20 多年，参与主持决策了多种试验方式的 30 多次核试验。

作为一名中国科学院院士，程开甲同时还担任过全国人民代表大会第三、第四、第五届代表，中国人民政治协商会议第六、第七届委员。他曾获得国家科学技术进步奖特等奖、一等奖，国家技术发明奖二等奖和全国科学大会奖、何梁何利基金科学与技术进步奖等各种奖励。1999 年，中共中央、国务院、中央军委授予他"两弹一星"功勋奖章。2013 年，他荣获国家最高科学技术奖。

# "程 book"和"程瓦特"

程开甲有两个叫得响亮的雅号。

一个是他早年在浙江大学求学时的雅号——"程 book"，这个外号与当时中国山河破碎的境况导致莘莘学子颠沛流离的求学生涯有关，也是程开甲在艰苦环境中勤奋刻苦、孜孜不倦攻读学业的写照。

1937 年 9 月，程开甲到浙江大学报到，不久抗日战争开始，4 年的大学时光，程开甲跟随学校搬迁了 7 个地方——杭州、建德、吉安、泰和、宜山、遵义、湄潭。

根据程开甲的回忆，在从建德迁往吉安时，刚到金华就碰上敌机轰炸，铁路客车全部停开了。当时正值冬天，他想办法搭乘一辆连棚子都没有的货运火车，又冷又饿地在车上站了三天三夜，最终到达樟树镇，才与学校的接应人员会合。

动荡的时局下，通货膨胀、物价飞涨，学校发给程开甲的 100 元公费变得不值钱，他不得不节衣缩食，挑灯夜读，把桐油灯的灯芯拨得很小来省油。

"程 book"的外号就与读书和省灯油有关。在学校，程开甲的勤奋和节俭大家有目共睹，于是一位同学与他打赌说："老兄，你要有本事，能白天黑夜连着看书不睡觉，晚上的灯油钱我出。"

年轻气盛的程开甲既不愿意被小瞧，也不愿意放过这个赚灯油钱的好机会，他从图书馆和导师束星北那里借来几本关于量子力学的书，"几天几夜没合眼，一直看书，计算"。赌局之后，程开甲的勤奋和毅力让大家叹服，赠他雅号"程 book"。

对于这段经历，程开甲晚年回忆说："我要说的是'99% 的汗水和 1% 的灵感造就天才'，是'刻苦和努力'。我忘不了当年我是怎样去学习的，为了学得多、学得透，熄灯后我就站在昏暗的路灯下、坐在楼梯上，甚至在厕所里继续读书。在煤油灯暗淡的灯芯边苦读三天三夜，为此我还赢得一个'程 book'的雅号。"

这些求学路上的艰辛，程开甲却不以为苦。他说："我深深地感到当年的努力对我的一生是怎样的重要，也对古人的哲理领会得更深，我常常以我之见'少壮不努力，老大徒伤悲'。"

对于程开甲和当时所有从事原子弹研究的人而言，他们都是在一张白纸上开创着自己的事业。在程开甲看来，这"需要用已有的基础去认识解决面临的每一个新问题"。而他则是这个团队里特别擅长以创新的思维和方法去解决问题的人。程开甲的另一个雅号——"程瓦特"，就是他在从事原子弹研究以后研究所的同事们所赠，意在称赞他有创造发明精神，像英国发明家瓦特那样，面对难题总能想出解决的办法。

程开甲的创新能力，就连郭永怀和朱光亚都曾赞不绝口。

1960 年，我国的原子弹理论设计遇到了一个大难题。原子弹爆炸时，其中的各种材料处于极高的温度和压力状态下，它们的状态变化如何用方程式来表达计算？当时国内没有实验条件来获取铀 235 等放射性元素的状态方程，国外更是视为绝密，苏联专家也不肯透露分毫，只能靠我国专家自己摸索。

这个任务落在了程开甲身上，凭借曾经在 TFD 领域积累的研究，经过半年没日没夜的研究，程开甲终于第一个采用合理的 TFD 模型计算出原子弹爆炸时弹心的压力和温度，为原子弹的总体力学设计提供了依据。负责原子弹结构设计的郭永怀对此很高兴，他对程开甲说："老程，你可帮我们解决了一个大难题啊！"

与其他国家的原子弹试验不同，我国的第一颗原子弹采用了"百米高塔的爆炸方式"。这也是程开甲突破条条框框提出的创新方法。当时程开甲与其他同事讨论试验方案，他认为第一次试验就采用空爆的方式并不妥当，在测试与起爆同步、落地瞄准、投掷飞机安全及保密性方面都存在问题，经过反复思考，最终提出在高塔上引爆的创新性方法。

后来，朱光亚院士回忆时也称赞这种方式："它不但使得我国第一颗原子弹爆炸的时间提前了，更重要的是能安排较多的实验项目，用来检测原子弹动作的正常与否，检验设计的正确性。"

"程瓦特"的创造性思维也让基地的其他科研人员颇为叹服。据原核试验基地研究所科技委员会副主任程耕回忆，程开甲针对每次试验的具体情况，总能"提出许多新颖的思想""扩展了许多奇特的应用"。对于程开甲"如此种种奇妙又富有创造性的方法"，程耕极为钦佩。

在程开甲看来，当时基地和研究所的一大优点就是独立研究、技术创新："总能考虑得很远，能早发现问题，早提出问题。在研制的过程中，总能超前地为其创造条件。"正因如此，我国的第一次原子弹爆炸试验，抛弃了苏联的试验框框，扔掉了"洋拐杖"，走出了自主创新的路子。程开甲后来多次强调："在'两弹一星'精神中，创新精神是极其重要的内容。"他同时也强调："还应认识到创新是与艰苦奋斗分不开的，更要强调的是'创新背后是非常艰苦的奋斗'。"而"艰苦奋斗不仅仅是喝苦水、战风沙，更重要的是新观点与新思想的提出、争议和实施"。

## 除了科研，"其他方面我就很难搞得明白了"

尽管在科研上充满智慧且富有创新精神，但程开甲对于日常的一些琐事却不擅长，甚至有时因为沉溺在科研之中而闹出笑话。他自言：
"说实在的，我脑子自始至终也只容得下科研工作和试验任务，其他
方面我就很难搞得明白了。"

据程开甲当年的警卫员任万德回忆，1971年10月，试验的前几
天，他曾给程开甲做过一次荷包蛋面条，忙碌的程开甲根本想不起来
吃，任万德将这碗面条热了4次，到最后程开甲还是没下肚。在任万
德看来，程开甲在基地总是忙碌不已，不停地用计算尺推算各种数
据，"记不清有多少次，我们睡了一觉醒来，他还在昏暗的灯光下工
作""他的头脑里似乎没有休息和节假日的概念，是一个永不知疲倦
的人"。

不是程开甲永不知疲倦，而是他心里燃着一把火，一把为了国家
需求，废寝忘食在所不惜的爱国之火。1962年夏，我国刚刚度过三年
自然灾害，党中央决定，要在两年内进行第一颗原子弹爆炸试验。这
意味着，程开甲他们要在两年内，在没有经验和外援的条件下，完成
从提出具体试验计划、测试项目到现场实施的全部工作。

回忆起罗布泊核试验场，很多人都会记起走搓板路、住帐篷、喝
苦水、战风沙，但在程开甲心里，真正折磨着他、考验着他的却是工
作上的难点和技术上的难关。据他回忆："当时，我们对核试验几乎
是一无所知，无论是理论上还是技术上都是空白。在这种情况下准备
第一次核试验，我们面临的困难是常人难以想象的，不知道原子弹爆
炸的全过程。我国电子工业刚开始只有电子管，控制器件也只有机械

式的继电器；每秒百万次长的高速相机还没有方案，我国还没有记录亚微秒级信号的示波器，甚至还不知道动压是如何工作的。""但我们必须在两年内完成第一颗原子弹爆炸的所有准备工作，方案、各种测试手段和 1000 多台仪器设备，试验的安全防护、取样、气象预试验，等等。"

燃烧在程开甲心里的那把火，让他义无反顾地投入这场伟大的攀登；让他通宵达旦，废寝忘食，让他大脑的"带宽"再也容不下其他琐事，也因此时常闹出笑话。有一次，他走出办公室看到有的同志在打乒乓球，还提醒大家说现在可是上班时间，大家笑了起来，原来此时已经是午休时间了，是程开甲自己沉浸在思考中忘记了时间。

这样的逸事并非只有一件。在破解高温高压下的放射性物质状态方程那段时间，程开甲满脑子除了公式就是数据，吃饭时如果突然想到一个问题，他就会把筷子倒过来，蘸着碗里的菜汤，在桌子上写公式来思考。

有人还回忆起程开甲的一件逸事。有一次，程开甲在食堂排队买饭的时候，一边把饭票递给窗口的师傅，一边说："我给你这个数据，你验算一下。"那个师傅莫名其妙地看着程开甲，排在后面的邓稼先忍不住笑着提醒程开甲："程教授，这儿是饭堂。"

在程开甲的同事和好朋友，原核试验基地第一任司令员张蕴钰心里，"程开甲是纯粹的科学家，真正的科学家。除了搞科学研究，什么也不会，如何买票，如何上车他都不会，一心一意搞他的科学技术"。

就是在这样不通俗务的一心一意之下，在我国第一颗原子弹爆炸的"零时"到来前，仅用了两年时间，程开甲带领的团队就圆满完成了预定的任务——"全面的、多学科交叉的、有高度预见性和创造性的、切实可行的试验方案；有定量分析的爆炸效应图像；独立自主研制的性能可靠的 1700 多台（套）测试、取样、控制的仪器设备"。

后来，他所领导的我国首次氢弹、首次导弹核武器、首次平洞、首次竖井等 6 个首次核试验中的几十次核试验汇总都取得圆满成功。

## "首长，您就真的不担心身体吗？"

对生活琐事、衣食住行毫不在意的程开甲，也有对自己身体特别上心的时候。1960 年冬，由于工作过度紧张，程开甲病倒了，不得不中断工作回南京养病，心急如焚想早日康复返回基地开展工作的他，破天荒地在科研之外钻研起了养生之道。他自己回忆说，他跟一位物理系的教授学打太极拳、练气功，学会后就一直坚持。为了能保持健康的体魄，他还下决心戒烟。他抽烟始于抗日战争时期的流亡年代，每天要抽两包烟。为了能以健康的身体早日返回工作岗位，他不再抽烟，成功戒掉了。

对于程开甲而言，身体是科研的一部分，他保养好自己的身体，也只是为了达到不间断科研这个目的，但如果为了科研需要，他也可以毫不在意自己的身体安危。

在我国开始地下核试验以后，程开甲就曾多次深入试验后的洞内，那里是极其恶劣的高温、高放射性环境，而且随时有坍塌的风险，所有人都觉得太危险，劝程开甲不要进去，但是他却觉得"不入虎穴，焉得虎子"。他进过爆炸后的测试走廊、测试间，进过坑道，甚至到达了爆心。唯其如此，他觉得自己才能对地下核爆炸现象和破坏效应有整体的认识，才能对试验方案有进一步的考虑和设计。

根据程开甲的回忆，第三次地下核试验准备期间，他陪同朱光亚一起考察开挖后坑道和测试间的情况。"我们穿上防护服，戴上大口罩、手套、安全

程开甲（右）与朱光亚交谈

帽，拿上手电，从原主坑道进入零后开挖的测试廊道，此时廊道已被严重挤压，其中有10多米被挤压得直径只有80厘米，我们一一爬过这段，进入测试间，只见四壁布满黑色玻璃体和满地的破碎石块，什么都没有了。"

在1982年的一次竖井试验中，为察看竖井试验爆后爆心的地表现象，"零时"一过，他就带着通信员李国新直奔爆心地表现场。"随身携带的一支钢笔样的放射性剂量探测笔尖叫不停，虽然也会担心核辐射影响，但我得到了第一手的感性认知，至今仍觉得非常值。"

面对坍塌和核辐射双重生命威胁，他的警卫员也曾担心地问过程开甲："首长，您就真的不担心身体吗？"

程开甲的回答很坦率："担心，但我更担心试验事业，那也是我的生命。你说我能不去吗？"

视试验事业为生命的程开甲，可以置自己的安危于不顾，却将核试验事业的安全看得大过天。每一次的试验设计他都将试验和参试人员的安全放在首位。

在我国第一次氢弹空投试验时，程开甲拟定了用固体火箭取样以及投弹飞机由逆风飞行改为顺风飞行的方案。"这两个方法，都是为了安全。"采用发射固体火箭的方式收集样品，是为了保证试验的"安全"，取回"干净"的样品；而让飞机顺风飞行，则是为了逃得更快，确保飞机和机组人员的安全。

原核试验基地技术部总工程师丁浩然还记得，我国第一次地下核试验竖井试验在选址时遇到了很大的挫折，最初选择的试验场地频繁遇到塌方，大家开始在离基地更近的红山附近打主意，程开甲亲自视察后却认为并不适合："就在家门口，能安全吗？"在丁浩然看来，程开甲考虑的正是试验安全这一原则性问题，这是坚决不能妥协的。

几乎在每次重大试验前，周恩来总理都会就安全问题特别征询科研人员的意见，程开甲往往是回答问题的那个专家。他曾说："我对核试验的安全问题始终不敢掉以轻心，不敢有半点儿马虎。"在他心里，核试验的安全问题，既涉及广泛的多种学科知识领域，还与国家的政治、外交、安全大局以及核武器发展的总体要求密切相关，容不得有丝毫的疏漏。"每一次核试验，从试验方案的制定、现场准备到实施爆炸的所有安全论证，我们从来不放过对安全不利的任何因素。"

根据原核试验基地研究所科技委员会副主任程耕的回忆，程开甲处理每个技术问题都要有根有据，有计算数据，而且对施工部队的要求十分严格，一定得按设计要求施工。"基地领导都尊重他的意见，支持他，因而我国的核试验，从开始到他离开，没有发生过重大安全事故。"

在程开甲心目中，核试验中最重要的问题是：试验时是否能正确起爆，测试能否获得可靠数据，安全是否能确保。而安全又是重中之重，"必须确保不会发生灾难"。

正因如此，每一次试验程开甲都要求有充分严密的理论研究和数值计算分析，都要求进行化爆模拟试验，做到试验前就心中有数。

"因此，我国核试验的完成质量非常好"，满足了周恩来总理"严肃认真，周到细致，稳妥可靠，万无一失"的要求。

# "丁是丁，卯是卯，黑是黑，白是白，对就是对，错就是错，从无和稀泥现象"

闯过纷繁复杂的历次核爆炸理论研究和试验设计难关的程开甲，在生活和工作上却是个"急脾气"。他曾说自己"是个性子特急的人，一旦发现工作做得不细，出了问题，就会跟人急，特别是在研究所时，任务的压力大极了，往往会发火，先批一顿再说"。

然而这急脾气，既是真性情，也是他对求真的执着。在程开甲看来，"求真是创新的重要条件，创新是在交流和争论中完成的"。

在数次核试验中，程开甲总能提出新的观点和新的方法来解决问题，而这"总会引出各种各样的意见和争执"。他称自己"执着好争，常常成为争论的中心"。而面对业务和技术讨论，他也"绝不放过任何疑点"，以致"往往不顾别人感受，有时真得罪了人"。

在第一次原子弹爆炸试验时，为了保护测控电缆，防止被冲击波或者地震切断，按照设计，要求所有的电缆沟都要铺放细沙。程开甲在一次检查时发现工程队铺放的细沙不合格，他立刻坚持要停工重铺，而这需要再运几百卡车的沙，工程量很大，但程开甲仍然寸步不让。

在任万德的印象中，他见过程开甲与大家争吵最多的就是试验测试技术上的问题，有时甚至能争论一天一夜。"在科学技术问题上，他从不马虎。他与张蕴钰司令员争过，与白斌司令员争过，也与其他技术人员争过。"在任万德眼里，程开甲"是一个只服从真理的人，他不会因为对方的级别职务高而放弃自己的观点"。可这样"吵归吵，生活上他们还是互相尊重的好战友"。任万德甚至觉得自己从这样的"争吵"中也深受教育，那就是"一切按科学规律办事""丁是丁，卯是卯，黑是黑，白是白，对就是对，错就是错，从无和稀泥现象"。

中国工程院院士林俊德曾说过："程老的认真，不讲情面和追根刨底是出了名的，在他手下搞课题研究的同志都怕他几分，不敢打马虎眼。"据他回忆，20 世纪 80 年代研究所里首批高级技术职称评审答辩会，参加答辩的都是程开甲的直接部下，研究室领导一级的技术骨干。但程开甲却丝毫没有放松，他好几次追问答辩人，要他们不仅说清楚完成了什么研究项目，取得了什么成果，还要讲清楚自己在项目中做了哪些具体工作，对项目做了什么贡献。这些已经身处领导岗位的答辩人，有些竟紧张得一时话都说不上来了。

尽管脾气急，爱"发火"，但是程开甲却并不武断，他听得进不同意见，遇到有同事提出有创意的想法，他会特别高兴，在他的带动下，研究所里的学术气氛十分民主。

林俊德还记得，在一次空中核试验力学测量方案讨论会上，自己曾经从测量仪器的角度出发，发表了一些不同意见，其他同志当时都替他捏把汗，觉得这样似乎有些让程副所长下不来台，然而程开甲却采纳了林俊德的意见。在林俊德看来，程开甲"十分重视发扬学术民主""从不以学术权威自居，十分尊重不同的学术见解"。

在地下核试验阶段，时任控制室副主任的龙文澄根据国外的文献提出，可以将当时应用在飞船测距、遥控、通信等领域的伪随机码理论引入地下核试验的控制系统研究设计中，程开甲对这种创新的思路非常赞许，不仅连续3天参加了他们的讨论会，在研制遇到挫折，大家对是否能继续搞下去缺乏信心的时候，还鼓励大家："只要不是方案原理方面的先天性缺陷，再大的困难也要克服，只能搞上去，不能退下来。"最终，在程开甲的支持下，新的控制系统得以研制成功，并先后执行了一系列任务。

据中国工程院院士钱绍钧和中国科学院院士陈达回忆，当时在研究所里，程开甲会经常开学术讨论会，"气氛通常是很宽松的"。当时，在一次地下核试验讨论会上，他们提出"如果放置很多测试管，核爆炸可能会有部分物质流入管道，从而影响爆室内样品的代表性"这一问题，程开甲就十分重视，并且当天晚上就进行了估算，第二天就约了钱绍钧和陈达去谈这个问题。当时在研究所，大家都十分愿意参加这样的讨论会，觉得能够促进对问题更深入的思考和研究。

"程先生对我们总是循循善诱，有时还事先写一个提纲，为我们讲解一些基础知识。程先生的讲解条理清晰，深入浅出，遇到复杂的

公式时，从不照书讲或照讲稿抄，完全凭借记忆流畅地写出来。"程
耕回忆道，"针对疑难问题，他会说一些方法，鼓励我们发表不同的意
见。渐渐地我们消除了畏惧思想，敢于讲自己的想法，有时还发表和
他不同的意见。"

正是在程开甲的鼓励下，由林俊德等几名青年大学生因陋就简研
制而成测量核爆炸冲击波的钟表式压力自计仪，在我国第一次核试验
中立下了大功；我国第一台强流脉冲电子束加速器，也由当时非常年
轻的女大学生邱爱慈主导研制而成。对此，后来成为中国工程院院士
的邱爱慈感慨地说："决策上项目，决策用我。这两个决策，都需要勇
气，而程老就是这样一个有勇气、敢创新的人。"

# "只要国家需要，我义不容辞"

1950 年，在英国跟随波恩研究超导已颇有建树的程开甲终于回到
了祖国。他先在浙江大学担任物理系副教授，两年后，转而赴南京大
学，并在 1956 年 7 月加入中国共产党。此后他的一生数次为了国家需
要放弃自己的研究领域，转换自己的研究方向，不计较个人得失，真
正将一个共产党员的一生奉献给了祖国。

1958 年，程开甲与施士元一起，在南京大学创建核物理专业，同

时，参与江苏省原子能研究所的筹建。1961 年，程开甲被正式调入北京第九研究所（简称"九所"），开展原子弹方面的研究。

对于这一次工作调动，程开甲心里十分明白："原子弹的研制，是国家的最高机密。我知道参与这项工作，就要做到保密、奉献，包括不参加学术会议，不发表学术论文，不出国，与外界断绝联系，不随便与人交往。"对于一个立志成为科学家的人而言，也许其他尚且可以忍耐，但是"不参加学术会议，不发表学术论文"，意味着自此从学术圈消失，在超导和原子能这样的尖端领域，国际国内将会很少有人知晓程开甲的存在，这无疑是非常令人遗憾和痛苦的。

但这个问题，早在程开甲归国之前，他就已经想得很明白了："作为中国人，追求的目标应该符合祖国的需求，当年我从英国回来，想的是祖国的需要，是怎样为祖国出力，怎样报效祖国。"就这样，他放下了在南京大学的相关研究，来到北京开始了核反应方面的理论研究。

1962 年，随着原子弹研制工作进展的深入，需要有专人来负责原子弹爆炸试验的技术准备工作，组织上选定了程开甲。当时，程开甲已经在核反应的理论研究方面取得了很多突破，他也认为"自己的优势是在理论研究方面"。而原子弹爆炸试验的技术准备则更侧重于实际应用，这不仅对程开甲而言是一个全新的研究领域，在他工作的九所，也没有更多人研究和关注。转入这个研究方向，意味着脱离当时九所弹体研制的主要研究方向，成为一个可能被边缘化的"光杆司令"。

有人替他的学术生涯担心，劝他不要转去研究原子弹的爆炸试验技术："今天干这个，明天干那个，当心变成万金油，东搞西搞，搞不出什么名堂。"

但程开甲却并不在意个人的得失荣辱，他早已打定了主意："只要国家需要，我义不容辞。""组织上让我去搞原子弹爆炸试验，我坚决服从。"

此后，他明确提出我国第一次原子弹爆炸应该尽可能全面地测试分析研究的思路，并据此创新性地摒弃了其他国家首次试验均采用的"空爆"的方式，建立了当时我国独有的"塔爆"模式。

在他的推动下，核试验技术研究所在1963年成立，到1964年10月16日，我国第一颗原子弹爆炸成功，程开甲所带领的团队拟订的试验方案，研制的1000多套试验设备使得我国首次核试验中97%的测试仪器记录数据完整、准确。周恩来总理在三届全国人大一次会议的报告中也特别指出："在进行核爆炸试验的时候，自动控制系统在十几秒的时间内，启动了上千台仪器，分秒不差地完成了爆炸。"

与此相对应的是，据有关资料记载，法国第一次核试验没有拿到任何数据，美国、英国和苏联也只是拿到很少一部分数据。这充分证明，在程开甲的带领下，我国自己研制的各种仪器、设备都是高质量、高水平的，"是过硬的"。

此后，为了打破其他国家对中国开展核试验的遏制，程开甲又积极投入地下核试验的准备工作中，1964年就开始勘查选址。然而，1965年年底，在青海的一次会议上，按照中央的指示，大家决定开展氢弹原理试验，暂停地下核试验准备。程开甲又一次服从大局，调整了自己和研究所的工作部署，"将主要精力转到氢弹原理试验的准备上"。

随着我国第一颗氢弹试验成功，程开甲又转回了地下核试验的研究。

在献身核事业的几十年间，程开甲确如他当时所料，没有公开发表过论文，然而他在其他领域的学术研究仍然硕果累累。

20 世纪 60 年代，他率先在国内开展了系统的热力学内耗理论研究，出版了我国第一本《固体物理学》教科书；80 年代，他进一步发展、完善了高温和低温超导普遍适用的超导双带理论；90 年代，他提出并建立了系统的"托马斯—费米—狄拉克—程开甲（TFDC）"电子理论，为材料科学的发展提出了新的研究思想，并将该理论应用于金刚石触媒等方面的研究。

晚年时，忆及自己人生数次转换专业方向，程开甲曾说："因为需要，我经常调换岗位，但我总能坦然面对，不满足于已有的，做出新的来。"

## "我的目标是一切为了祖国的需求"

究竟是什么样的信念支撑着程开甲既可以不顾个人安危，又可以不考虑个人荣辱得失，毅然放弃科学家的自身追求，数次转换学术方向呢？

答案要从程开甲在祖国山河破碎中的求学之路开始追寻。

1939 年，正值程开甲大学期间，日军开始侵略中国。2 月的一天，日军将学校宿舍当作军营，投下了 100 多枚炸弹。在这次轰炸中，程开甲躲在河边的一块大石头下才幸免于难，学校被炸毁，程开甲的书籍、笔记本、衣服、被褥全都被炸没了，全靠师生们捐钱捐物才度过了困难时期。此后，随着战局的变换，他又随着学校几经搬迁，在艰苦的流亡生活中坚持学习和实验。

尽管条件艰苦，但当时的浙江大学云集了王淦昌、束星北等一批学术大师，程开甲跟随他们学习，打下了坚实的基础，"学到了勇于探索、勇于创新、献身科学的精神"。

1941 年，程开甲大学毕业留校，秋天回上海完婚，返回学校时，恰逢上海沦陷，他们不得不绕道香港回贵阳，然而在香港又经历了珍珠港事件，不得不滞留 3 个月，钱花完了，粮食也奇缺，他们只能把绿豆泡泡当饭吃，后来连绿豆也没有了。再后来，在中共中央南方局安排的"神秘大营救"中，程开甲才得以从香港脱身，到达已搬至湄潭的浙江大学。

程开甲回忆说，经历过上海沦陷，浙江大学流亡跋涉搬迁，再经历香港沦陷，他在心理上没有其他人那样的惶恐、惊慌。"颠沛流离生活的磨砺，反而坚定了我要用科学技术去改变国家落后挨打局面的决心和意志。"在这种环境下，他仍然坚持学习和研究。

1946 年，由于在原子核物理、天体物理等方面的出色研究，在李约瑟的推荐下，程开甲获得英国文化委员会的资助，赴英留学。在英国，程开甲师从爱丁堡大学的著名理论物理学家波恩，开始了自己在超导方面的研究。

尽管在英国的研究颇具建树，还与海森堡等知名科学家同台竞技，并且在获得博士学位后担任了皇家化学工业研究所的研究员，年薪达到 750 英镑，"在当时就很高了"，但程开甲的内心却时时感到痛苦和煎熬。

一方面，"当时中国人在国外没地位，人家看不起你，连你发表论文也会遭到怀疑，他们认为中国人没有这个水平"；另一方面，生活上也时时会遭到令人愤怒的歧视。据程开甲回忆，他第一次领到薪水，去商店给妻子选购皮大衣，结账时，老板不相信黄种人能买得起，蔑视地打量他，还去银行确认支票的信息。坐电车时，也会有英国人窃窃私语："最讨厌奶油面孔的人。"下水去游泳，就有英国人指着他们这些留学生说："一群人把水弄脏了。"这些都使程开甲逐渐意识到："中国是弱国，我们在国外总被人瞧不起。""个人受到的屈辱不只针对自己，而是一个民族。"

直到 1949 年，中国向"紫石英号"开炮，击伤了这艘英国军舰，在英国的程开甲第一次有了"出了口气"的感觉，走在大街上，"腰杆也挺得直直的"。他觉得："中国过去是一个没有希望的国家，我感到现在开始变了。就是从那天开始，我看到了中华民族的希望。"

程开甲决定回国，对于同学"中国穷，没饭吃"的劝阻，他坚定地回复："不看今天，要看今后。"程开甲并没有听从导师波恩多带些食物回去的建议，他心里想的是国家建设和工作的需要。回国前，他跑图书馆和书店，尽可能地收集固体物理和金属物理方面的资料。"我意识到新中国刚成立，百废待兴，钢铁、材料都很缺乏，固体物理、金属物理方面的知识和资料在国内一定非常需要。"

对于这次回国的决定，程开甲晚年时曾说："我们每一个人都有自己的追求，作为一个中国人，追求的目标应该符合祖国的需要，当年我从英国回来，想的是祖国的需要，是怎样为祖国出力，怎样报效国家。""我不回国，可能会在学术上有更大的成就，但最多是一个二等公民身份的科学家，绝不会有这样的幸福，因为现在所做的一切，都和祖国紧紧地联系在一起。"

"回国后，我一次又一次地改变我的工作，我一再从零开始创业，但我一直很愉快，因为这是祖国的需要。"在程开甲心里，实现目标就是做出贡献，人也只有做出贡献才能体现存在的价值。"活着就应该活出价值。"正因如此，直到80多岁的时候，程开甲都还继续着自己的学术研究，毫不懈怠。"总要去做最能实现自身价值的创新工作。我们努力了，我们也就无憾了。"程开甲说。